Simone Pies Alexa A. Becker

Staatsbürger-, Berufs- und Gesetzeskunde

Simone Pies Alexa A. Becker

Staatsbürger-, Berufs- und Gesetzeskunde

Kompakte Darstellung des Fachgebietes unter Berücksichtigung der Ausbildungs- und Prüfungsverordnung für die Berufe in der Krankenpflege

8. Auflage

WEISSE REIHE

Mit einem Textbeitrag von Claudia Staudinger

URBAN & FISCHER München

Zuschriften und Kritik an:
Elsevier GmbH, Urban & Fischer Verlag, Hackerbrücke 6, 80335 München, pflege@elsevier.de

Wichtiger Hinweis für den Benutzer
Die Erkenntnisse in Pflege und Medizin unterliegen laufendem Wandel durch Forschung und klinische Erfahrungen. Die Autorinnen dieses Werkes haben große Sorgfalt darauf verwendet, dass die in diesem Werk gemachten therapeutischen Angaben dem derzeitigen Wissensstand entsprechen. Das entbindet den Nutzer dieses Werkes aber nicht von der Verpflichtung, anhand weiterer schriftlicher Informationsquellen zu überprüfen, ob die dort gemachten Angaben von denen in diesem Buch abweichen und seine Verordnung in eigener Verantwortung zu treffen.

Bibliografische Information der Deutschen Nationalbibliothek
Die Deutsche Nationalbibliothek verzeichnet diese Publikation in der Deutschen Nationalbibliografie; detaillierte bibliografische Daten sind im Internet über http://dnb.d-nb.de abrufbar.

1. Auflage 1993 – 5. Auflage 1999 erschienen im Verlag Haus & Gross
6. Auflage 2002 erschienen im Urban & Fischer Verlag
7. Auflage 2004
8. Auflage 2009

Der Urban & Fischer Verlag ist ein Imprint der Elsevier GmbH.

09 10 11 12 13 5 4 3 2 1

Um den Textfluss nicht zu stören, wurde bei Patienten und Berufsbezeichnungen die grammatikalisch maskuline Form gewählt. Selbstverständlich sind in diesen Fällen immer Frauen und Männer gemeint.

Planung und Lektorat: Martina Lauster; Jeanine von Lacroix, München
Redaktion: Wolfgang Mayr, München
Herstellung: Kerstin Wilk, Leipzig
Satz: abavo GmbH, Buchloe/Deutschland; TnQ, Chennai/Indien
Druck und Bindung: L.E.G.O. S.p.A., Lavis (TN)
Zeichnungen: Karl Heppe, Wiesbaden
Umschlaggestaltung: SpieszDesign, Neu-Ulm
Printed in Italy

ISBN 978-3-437-26157-2

Aktuelle Informationen finden Sie im Internet unter **www.elsevier.de** und **www.elsevier.com**

Inhaltsverzeichnis

KAPITEL

1 Geschichte der Alten-, Gesundheits-, Kranken- und Kinderkrankenpflege

Medizin und Pflege sind Heilberufe. In früheren Zeiten war eine Trennung der beiden Fachgebiete nicht zu erkennen, denn beide verfolgten letztlich präventive, kurative, palliative und rehabilitative Ziele. Gedanken an eine Trennung der Heilberufe Medizin und Pflege (Alten-, Gesundheits- und Kranken- sowie Kinderkrankenpflege) kamen erst in einer Zeit, als sich die Medizin anschickte, eine Wissenschaft zu werden und die Pflege diesen Weg zunächst nicht mit beschritt. Eine Hervorhebung der Eigenständigkeit des Pflegeberufes ergibt sich aus dem Krankenpflege- und Altenpflegegesetz.

Die heutige **Pflegewissenschaft** ist eine sehr junge Disziplin, die erst seit einigen Jahren an Fachhochschulen und Universitäten in Deutschland gelehrt wird.

1.1 Zeit vor und um Christi Geburt

Zunächst war die Heilkunde rein auf empirische Grundlagen, also Erfahrung, gestützt. Maßgebend bei der Fortentwicklung waren China **(Akupressur** und **Akupunktur),** Ägypten (erste Spezialisierung, wie Hof- und Augenärzte, Chirurgen und Internisten) und Griechenland (**„Säftelehre“:** Blut, Schleim, gelbe Galle und schwarze Galle).

Aeskulap (5. Jh. v. Christus)

Ein Beispiel für die Fortentwicklung der Heilkunde ist der aus Griechenland stammende Arzt **Aeskulap,** der in der heutigen Zeit durch den Äskulapstab als Symbol für den ärztlichen Stand allgegenwärtig ist. Die Therapie stützte sich vor allem auf diätetische Maßnahmen, Bäder und Salbungen. Die mit diesem Wissen vertrauten Ärzte (Asklepiaten) gaben es an ihre Söhne weiter.

Hippokrates (460 v. Christus)

Der Asklepiat **Hippokrates** gilt als der Begründer der medizinischen **Berufsethik** und eines Werks über die Heilkunde („Corpus Hippocraticum“). Hier finden sich Beschreibungen über die Berücksichtigung von Grundbedürfnissen des Menschen, z.B. Essen und Trinken, Arbeit und Ruhe oder Ausscheiden.

Galen von Pergamon (129 – 199 n. Chr.)

Der Grieche **Galen von Pergamon** lebte und wirkte in Rom und verknüpfte seine Krankheitslehre über die Blut- und Nährstoffbewegung mit der „Säftelehre“ des Hippokrates.

1.2 Frühes Christentum

Im Christentum entwickelte sich aus der Lehre Jesu Christi und unter dem Druck der Christenverfolgungen der Gedanke von Barmherzigkeit und Nächstenliebe **(Diakonie)** gegenüber den Mitmenschen als caritative Tätigkeit.

1.3 Mittelalter (15. – 16. Jh.)

Ordensleute beschäftigten sich aus ihrem christlichen Selbstverständnis heraus zunehmend mit der Pflege der Menschen: Sie sorgten für Arme, Pilger und Kranke (vornehmlich außerhalb des Klosterbereiches), für Staatsoberhäupter und kirchliche Würdenträger (in der Nähe des Hauses des Abts) und für ihre eigenen Mönche und Nonnen.

In dieser Zeit sind die Wurzeln der ambulanten Pflege und auch der Pflege in stationären Einrichtungen vom Kinderheim über das Krankenhaus bis hin zum Pflegeheim zu finden, ebenso für Einrichtungen der Behindertenhilfe. Hieraus entwickelten sich beispielsweise der Caritasverband und die Diakonie als sogenannte **Freie Wohlfahrtspflege** im Gegensatz zu staatlichen oder privaten Dienstleistungsunternehmen.

Hildegard von Bingen (1098 – 1179)

Die Äbtissin **Hildegard von Bingen** ist heute populär. In ihrem theologisch fundierten Weltbild betrachtete sie die Heilkunde als Bestandteil der göttlichen Heilsordnung.

Franziskus von Assisi (um 1230)

Einen wesentlichen Beitrag in der Pflege sozial schlecht gestellter Menschen leisteten die Franziskaner und Dominikaner. Der bekannteste unter ihnen war **Franziskus von Assisi.**

Paracelsus (1493 – 1541)

Ein bekannter Heilkundiger im späten Mittelalter war Philippus Aureolus Theophrastus Bombastus von Hohenheim, genannt **Paracelsus.** Er sah den Menschen als Teil einer göttlichen Weltordnung, deren Kräfte die Lebensvorgänge in ständigem Kontakt zueinander treten lassen.

Entwicklung der Heilkunde und Pflege im späten Mittelalter

Infolge eines immensen Bevölkerungswachstums und der daraus folgenden Verstädterung im späteren Mittelalter weitete sich der Handel aus, wodurch Waren und Dienstleistungen über weite Strecken transportiert wurden. Dies führte auch zur raschen Verbreitung von Krankheiten, die das Ausmaß von **Epidemien** annahmen, z.B. Pest, Cholera und Influenza. Auch aufgrund des mangelnden Verständnisses für Hygiene wurden große Teile der Bevölkerung dahingerafft.

Pflegerische Tätigkeiten lagen in den Händen von unausgebildeten Hilfspersonen aus dem Volk und bei Menschen, die dem Volk nahe standen wie der Chirurg, der Bader oder der Kräuterkundige. Es gab keine Schulen oder andere Bildungseinrichtungen, an denen Pflege unterrichtet wurde.

Hiervon getrennt entwickelte sich eine Heilkunde, die nun an den Universitäten gelehrt wurde: die Medizin.

1.4 Wichtige medizinische Erkenntnisse in der Neuzeit

Medizinische Erkenntnisse im 17. Jh

- William Harvey (1578 – 1657): Nachweis des **Blutkreislaufes.**
- Marcello Malpighi (1628 – 1694): Nachweis des **Kapillarflusses** (ermöglicht durch die Entdeckung des Mikroskops).

Medizinische Erkenntnisse im 18. und 19. Jh

Zusammenfassung wichtiger medizinischer Erkenntnisse:
- Ignaz Philipp Semmelweis (1818 – 1865): Entdecker des Kindbettfiebers
- Gregor Mendel (1822 – 1884): Grundlagen der Vererbung
- Louis Pasteur (1822 – 1895): Grundlagen der Asepsis, Sterilisierung; Impfstoffe gegen Tollwut, Milzbrand, Rotlauf
- Rudolf Virchow (1821 – 1902): Begründer der Zellularpathologie
- Robert Koch (1843 – 1910): Entdeckung der Cholera- und Tuberkuloseerreger
- Wilhelm Conrad Röntgen (1845 – 1923): Entdeckung der Röntgenstrahlen
- Paul Ehrlich (1854 – 1915): Immunologische Zusammenhänge, Färbemethoden, Medikament (Salvarsan) zur Syphilis-Therapie.

Medizinische Erkenntnisse im 20. und 21. Jh

Im 20. Jahrhundert sind eklatante Entwicklungen auf den Gebieten der Diagnostik und der Therapie zu verzeichnen, deren Folge nicht nur eine höhere Lebenserwartung, sondern auch immer feinere Untersuchungs- und Behandlungstechniken sind. Des Weiteren ist die Gentechnik auf dem Vormarsch. Fortschritte in der Medizin bedeuten auch immer, dass die Pflege sich qualifizieren muss, um den Anforderungen gerecht zu werden, die an sie gestellt werden.

1.5 Entwicklung der Gesundheits- und Krankenpflege in der Neuzeit

Entwicklung der Gesundheits- und Krankenpflege im 17. Jh

Mit der Kongregation der **Barmherzigen Schwestern** wurde es Frauen möglich, in der Krankenpflege sowohl Männer als auch Frauen zu pflegen. Die Gründung erfolgte durch Vinzenz von Paul (1581 – 1660) in Frankreich, von wo aus sich die Kongregation nach ihrer Genehmigung durch die katholische Kirche in zahlreichen Ländern Europas ausbreitete und 1832 auch nach Bayern kam. In dieser Gemeinschaft konnten Frauen die Pflege und Fürsorge nach geregelten internen Ausbildungsvorschriften erlernen und bekamen Gelegenheit, sich durch Fortbildung an medizinischen Fortschritt und wirtschaftliche Gegebenheiten der Jahrzehnte anzupassen. Voraussetzung für die Aufnahme war eine gute Schulbildung, ein bestimmtes Eintrittsalter und die Eignung zum Beruf. Die Frauen hatten in der Kongregation Gelegenheit, eine Karriere bis zur Generaloberin zu machen.

Die Kongregation in München feierte beispielsweise im Jahr 2007 ihr 175-jähriges Bestehen und schreibt eine beeindruckende Erfolgsgeschichte in der Pflege in Bayern.

Beim Orden der Barmherzigen Schwestern im 17. Jh. finden sich erstmals Hinweise auf eine geregelte Ausbildung in der Krankenpflege.

Entwicklung der Gesundheits- und Krankenpflege im 18. und 19. Jh

Das 18. und das 19. Jahrhundert waren durch Kriege, Epidemien und sozialen Abstieg geprägt. Immer mehr Menschen suchten Hospitäler auf, um medizinisch und pflegerisch versorgt zu werden. In den völlig überfüllten Einrichtungen konnten die Pflegenden nur schwer ihrer Tätigkeit nachgehen.

Im 19. Jahrhundert finden sich erste pflegewissenschaftliche Orientierungen, z. B. statistische Methoden zur Sammlung und Untersuchung von Gesundheitsdaten. Impulse für die moderne Pflegewissenschaft kamen aus Amerika, wo im Jahr 1907 der erste Studiengang in der Pflege etabliert wurde. Die Akademisierungsbewegung erreichte auch Europa und damit Deutschland (1953 Gründung der Schwesternschule der Universität Heidelberg).

Theodor Fliedner (1800 – 1864)

In Kaiserswerth gründete **Theodor Fliedner** 1836 den „Evangelischen Verein für christliche Krankenpflege in der Rheinprovinz und Westfalen". In seinem Krankenhaus wurden mit Hilfe von durch Ärzten unterrichteten Pflegerinnen (Diakonissen) vornehmlich arme Menschen medizinisch versorgt und gepflegt. Die von Fliedner im Jahr 1836 eingerichtete Pflegeschule ist das sog. **Kaiserswerther Mutterhaus.**

Die erste Pflegeschule nach heutigem Verständnis war das 1836 von Theodor Fliedner gegründete Kaiserswerther Mutterhaus.

Agnes Karll (1868 – 1927)

Agnes Karll gründete 1903 die Berufsorganisation der Krankenpflegerinnen Deutschlands (B.O.K.D.), aus der der heutige **Deutsche Berufsverband für Pflegeberufe** (DBfK) hervorging.

Agnes Karll setzte sich ein für:

- Eine Berufsordnung
- Eine qualifizierte dreijährige Ausbildung
- Möglichkeiten der Fort- und Weiterbildung
- Die versicherungsrechtliche Absicherung der Mitglieder.

Agnes Karll gründete 1903 den ersten Berufsverband für Pflegende.

Florence Nightingale (1820 – 1910)

Nach Einsätzen in Kriegslazaretten begann **Florence Nightingale** in England, die Pflege zu verbessern und zu einem angesehenen Beruf zu machen. 1860 wurde in London die **erste Krankenpflegeschule** mit folgenden fortschrittlichen Grundsätzen eröffnet:

- Einjährige Ausbildung der Schülerinnen
- Unterricht durch Ärzte
- Loslösung der Schule vom Krankenhausbetrieb.

Florence Nightingale gilt als Pionierin der modernen Krankenpflege. Ihr Geburtstag (12. Mai) wird als Internationaler Tag der Krankenpflege begangen.

Henri Dunant (1828 – 1910)

Henri Dunant ist als Begründer des **Roten Kreuzes** bekannt geworden **(„Genfer Konvention").** Nach seinen schrecklichen Erfahrungen im Krieg setzte er sich ein für die Bereitstellung von Hilfskräften und -mitteln für die Kriegsopfer durch jeden an einem Krieg beteiligten Staat, sowie für die Schaffung eines international gültigen Zeichens (Rotes Kreuz auf weißem Grund) und die Garantie der Neutralität dieses Zeichens.

Henri Dunant ist der Gründer des Roten Kreuzes und erster Friedensnobelpreisträger (1901).

Entwicklung der Alten-, Gesundheits- und Krankenpflege im 20. und 21. Jh

Um die Professionalität und damit auch die Qualität der Pflege zu erhöhen, kamen zu Beginn des 20. Jahrhunderts erstmals Bestrebungen in Gang, eine einheitliche Ausbildung des Krankenpflegepersonals einzuführen. Zwischen 1907 (Preußen) und 1920 (Bayern) wurde in unterschiedlichen Teilen auf dem Gebiet der heutigen Bundesrepublik ein erst einjähriger, dann zweijähriger Kurs an einer Krankenpflegeschule eingeführt, der dann mit einer **staatlichen Prüfung** endete.

Zahlreiche Diskussionen über die Notwendigkeit eines einheitlichen Krankenpflegegesetzes in ganz Deutschland endeten in einem reichseinheitlichen **Krankenpflegegesetz** im Jahr 1938 und der Erlangung der „Führung der Berufserlaubnis". Fortan war es nur noch Inhabern dieser Urkunde erlaubt, sich Krankenschwester/Krankenpfleger zu nennen. Während der Zeit des Nationalsozialismus wollte der Staat dafür sorgen, dass sein ideologisches Gedankengut Einfluss auf die für die Volksgesundheit wichtige Schwesternschaft hatte.

Das bundesdeutsche Krankenpflegegesetz von 1985 stellte einen wichtigen Meilenstein für die Pflege dar, da hierin die **Dokumentation der Pflege** und der **Pflegeprozess** verankert und die gegenseitige Anerkennung der Berufsabschlüsse in der Krankenpflege in der Europäischen Union dokumentiert wurden. Das in den Jahren 2004 und 2008 modifizierte Gesetz über die Berufe in der Krankenpflege veränderte die **Berufsbezeichnung** (Gesundheits- und Kranken- bzw. Kinderkrankenpfleger/in) und verankerte die Pflege nach dem Stand pflegewissenschaftlicher Erkenntnisse im Gesetz. Pflegende, die die Berufsbezeichnung Kinder- oder Krankenschwester bzw. -pfleger führen dürfen (Erlaubnisurkunde), können – ohne die Urkunde zu ändern – auch die neuen Berufsbezeichnungen führen (§ 23 Krankenpflegegesetz).

Die Berufserlaubnis im Sinne des Krankenpflegegesetzes ist in der Europäischen Union über die Berufsanerkennungsrichtline europaweit anerkannt. Somit ist eine europaweite Mobilität gewährleistet.

In der **Pflegewissenschaft** als akademischer Disziplin soll die Pflegewissenschaft mit der Pflegepraxis und den wissenschaftlichen Forschungsergebnissen zusammengeführt werden, um den Berufsstand zu stärken und eine Verbesserung der Wirksamkeit von Pflegemaßnahmen und -konzepten zur Qualitätsverbesserung zu erreichen. Wichtige Persönlichkeiten im Bereich der Pflegewissenschaft sind:

- Nancy Roper (1918 – 2004); Pflegemodell der Lebensaktivitäten („RTL-Modell")
- Juliane Juchli (geb. 1933); Lehrbuchkonzept und Entwicklung der Aktivitäten des täglichen Lebens („ATL")
- Monika Krohwinkel (geb. 1941); Entwicklung des konzeptionellen Modells der Aktivitäten und existenziellen Erfahrungen des Lebens („AEDL").

Die **Altenpflege** ist in Deutschland eine etablierte Ausbildung, die bis 2003 von den einzelnen Bundesländern geregelt wurde. Die Gesetzgebungskompetenz liegt nunmehr jedoch beim Bund, da das Bundesverfassungsgericht entschied, dass die Altenpflege auch ein Heilberuf im Sinne des Artikels 74 Abs. 1 Nr. 19 des Grundgesetzes ist.

Assistenzberufe im pflegerischen Bereich (z.B. Altenpflegehelfer/in) werden hingegen weiterhin landesrechtlich zu regeln sein. Es besteht allerdings die Tendenz, generalistische oder integrierte Ausbildungen – also sowohl für die Alten- als auch für die Gesundheits- und Krankenpflege – zu schaffen.

Pflegende können sich in zahlreichen **Berufsverbänden** organisieren, die wiederum Mitglied im **Deutschen Pflegerat** sein können. Dieser Spitzenverband hat sich zur Aufgabe gemacht, die berufspolitischen Interessen der Pflegenden in der Politik zu vertreten.

Tab. 1.1 Meilensteine der Alten-, Gesundheits- und (Kinder-)Krankenpflege

Jahreszahl	Leistung	Begründer
1634	Vorläufer der Kongregation der Barmherzigen Schwestern vom Heiligen Vinzenz von Paul. Erste Eckpunkte für eine Ausbildung in der Pflege wurden festgelegt	Vinzenz von Paul
1836	Einführung einer qualifizierten Ausbildung der „Diakonissen" als Helfer des Arztes	Theodor Fliedner
1860	Gründung der ersten offiziellen Krankenpflegeschule in England	Florence Nightingale
1903	Gründung der Vorgängerorganisation des heutigen Deutschen Berufsverbands für Pflegeberufe (DBfK)	Agnes Karll
Um 1900	Gründung des Roten Kreuzes	Henri Dunant
Seit 1907	Einheitliche Ausbildung der Pflegenden mit staatlicher Prüfung in einzelnen deutschen Staaten	
1938	Schaffung eines reichseinheitlichen Krankenpflegegesetzes	
1957	Schaffung eines bundeseinheitlichen Krankenpflegegesetzes (KrPflG)	
1985	Anpassung des KrPflG an die Ausbildungsrichtlinien der Europäischen Gemeinschaft	
1993	Überarbeitung des KrPflG	
2003	Bundeseinheitliches Altenpflegegesetz (AltPflG)	
2004/2008	Novellierung des KrPflG mit Änderung der Berufsbezeichnung	

KAPITEL

2 Aufbau des Gesundheitswesens

Das Gesundheitswesen umfasst alle Einrichtungen, Personen, Tätigkeiten und Maßnahmen, die der Bewahrung, Förderung oder Wiederherstellung der **Gesundheit** der Bevölkerung dienen. Gesundheit wird dabei nach WHO definiert als: „Zustand des vollständigen körperlichen, psychischen und sozialen Wohlbefindens".
Das Gesundheitswesen besteht aus verschiedenen Institutionen und Einrichtungen. Im Wesentlichen unterteilt sich das Gesundheitswesen in folgende Bereiche:

- **Öffentliches Gesundheitswesen:** staatliche und kommunale Einrichtungen, die dem Schutz der Gesundheit des Einzelnen und der Gemeinschaft dienen
- **Krankenhauswesen** mit den begleitenden Einrichtungen wie Rehakliniken, Tageskliniken und ähnlichem
- Bereich der **ambulanten Versorgung:** niedergelassene Ärzte zur Betreuung Kranker und Durchführung von Früherkennungs- und Vorsorgemaßnahmen, Pflegedienste.

2.1 Internationale Institutionen des Gesundheitswesens

Die staatsübergreifende Gesundheitspolitik wird im Wesentlichen von den internationalen Institutionen koordiniert und bestimmt.

2.1.1 Weltgesundheitsorganisation (WHO)

Die WHO (World Health Organisation) wurde am 07.04.1948 als Behörde der UNO mit Sitz in Genf gegründet. Sie soll als oberstes Organ die Gesundheit der Völker aller Länder schützen und alle Regierungen bei Aufbau und Entwicklung ihres Gesundheitswesens unterstützen.

Aufgaben der WHO

- Bekämpfung von Infektionskrankheiten, z.B. Pest, Tuberkulose, AIDS, SARS
- Förderung der Aus- und Weiterbildung von im Gesundheitswesen tätigem Personal
- Beratung beim Aufbau des Gesundheitswesens, insbesondere in Entwicklungsländern
- Standardisierung von Heilmitteln
- Förderung medizinischer Forschung
- Kontrolle Sucht erzeugender Mittel
- Ausarbeitung von Richtlinien und Normen.

Die WHO (Weltgesundheitsorganisation) ist die oberste internationale Gesundheitsbehörde.

2.1.2 Europarat und Europäische Union

Mit Fragen des Gesundheitswesens beschäftigen sich auch der 1949 mit Sitz in Straßburg gegründete Europarat (nicht zu verwechseln mit dem Europäischen Rat, einem Gremium der Europäischen Union, ➤ Kap. 14.1.2) und die Europäische Union.

2.2 Institutionen des Gesundheitswesens auf Bundesebene

Auf Bundesebene sind derzeit einige wichtige Behörden tätig, die nachfolgend beschrieben werden.

2.2.1 Bundesministerium für Gesundheit und soziale Sicherung (BMGS)

Für das Gesundheitswesen auf Bundesebene ist das Bundesministerium für Gesundheit und soziale Sicherung zuständig.

Aufgaben des BMGS

- Impfwesen, Krankheits- und Seuchenbekämpfung
- Gesundheitserziehung, Gesundheitsfürsorge, Rehabilitation, Behindertenpolitik
- Sicherung und Weiterentwicklung der Qualität des Gesundheitswesens
- Prävention der Drogen- und Suchtgefahren
- Stärkung der Interessen der Patienten
- Sicherung der Wirtschaftlichkeit und Stabilisierung der Beitragssätze
- Krankenhauswesen, Pflegesatzwesen, Altenpflege, Krankenversicherung
- Überwachung der Berufe des Gesundheitswesens
- Apotheken- und Arzneimittelwesen, Arzneimittelsicherheit
- Europäische und internationale Gesundheitspolitik.

2.2.2 Nachgeordnete Dienststellen

Dem BMGS, das von verschiedenen Kommissionen und Fachausschüssen unterstützt wird, sind nachgeordnet:

- RKI – Robert Koch-Institut (Erkennung, Verhütung und Bekämpfung übertragbarer und nicht übertragbarer Krankheiten)
- PEI – Paul-Ehrlich-Institut (Erforschung, Zulassung, Prüfung von Sera und Impfstoffen)
- BfArM – Bundesinstitut für Arzneimittel und Medizinprodukte (Zulassung von Arzneimitteln)
- BZgA – Bundeszentrale für gesundheitliche Aufklärung (Gesundheitliche Aufklärung und Gesundheitserziehung)
- DIMDI – Deutsches Institut für medizinische Dokumentation und Information (Speicherung von medizinischen Informationen und Herausgabe amtlicher Klassifikationen).

Die Gesundheitsbehörden auf Bundesebene haben keine gesetzgebende Gewalt. Sie schlagen Gesetze vor und werden bei Gesetzesentwürfen beratend tätig. Erlassene Gesetze werden durch sie überwacht.

2.3 Institutionen des Gesundheitswesens auf Länderebene

Auf Länderebene finden sich folgende Institutionen:
- Oberste Landesbehörde (z.B. Landesgesundheitsministerium)
- Medizinaluntersuchungsämter oder Abteilungen der Regierungen/Bezirke
- Gesundheitsämter.

2.3.1 Landesgesundheitsministerium

Die obersten Landesbehörden bzw. das Landesgesundheitsministerium nehmen hauptsächlich administrative Aufgaben wahr, z.B.:
- Durchführungsüberwachung von Gesetzen des Bundes und des Landes
- Aufsicht und Gesamtkontrolle der Krankenhäuser.

2.3.2 Medizinaluntersuchungsämter oder entsprechende Abteilungen

Die Medizinaluntersuchungsämter oder Abteilungen der Regierungen/Bezirke sind in der Regel für einen Bezirk zuständig.

Aufgaben der Medizinaluntersuchungsämter

- Seuchenbekämpfung (Ermittlung von Infektionsquellen u. Ä.)
- Aufsicht und Gesamtkontrolle der Krankenhäuser.

2.3.3 Gesundheitsämter

Die Gesundheitsämter wurden 1935 geschaffen. Sie sind auf kommunaler und Länderebene zuständig für die Gesundheitsfürsorge. Leiter des Gesundheitsamtes ist der **Amtsarzt.** Das Gesundheitsamt ist eine Art **Gesundheitspolizei,** die die meiste praktische Arbeit leistet.

Aufgaben der Gesundheitsämter

- Überwachung des Apothekenwesens
- Überwachung des Umgangs mit Arzneien und Giften
- Aufsicht über die Angehörigen der Gesundheitsberufe, Abnahme bestimmter Prüfungen
- Überwachung von Lebensmittelbetrieben, soweit nicht der Lebensmittelüberwachung als eigenes Ressort zugeteilt
- Verhütung und Bekämpfung übertragbarer Krankheiten
- Krankenhausbesichtigungen (mindestens einmal im Jahr)
- Hygiene von öffentlich zugänglichen Bädern, Wohnungen und des Wassers
- Aufsicht über das Leichen-, Friedhofs- und Bestattungswesen
- Aufsicht über die Abfallbeseitigung in hygienischer Hinsicht
- Mitwirkung beim Rettungswesen
- Schulgesundheitsfürsorge
- Förderung von Körperpflege und Sport
- Impfungen
- Mütterberatung, schul- und jugendärztlicher Dienst
- Tuberkulose-Bekämpfung und -Fürsorge
- Aids-Beratung

- Amtsärztliche Tätigkeiten, in manchen Ländern auch gerichts- und vertrauensärztliche Tätigkeiten
- Beratung bei sexuell übertragbaren Krankheiten.

Dem Gesundheitsamt ist die Rolle der Gesundheitspolizei übertragen; es ist mit weitreichenden Überwachungsaufgaben betraut.

2.4 Sonstige Einrichtungen des Gesundheitswesens

Neben den genannten offiziellen staatlichen Institutionen und Behörden gehören noch folgende Einrichtungen zum Gesamtkomplex des Gesundheitswesens:

- Krankenhäuser mit Personal (Behandlung)
- Ärzte und Zahnärzte in Praxen (Vorsorge, Behandlung)
- Rehabilitationskliniken und Bäder (Nachbehandlung)
- Kureinrichtungen (Vorsorge u. Nachbehandlung)
- Labors und Zulieferbetriebe
- Apotheken (Arzneimittelverteilung)
- Pharmafirmen (Arzneimittelherstellung)
- Senioren- und Pflegeheime
- Krankenversicherungen (gesetzlich, privat)
- Pflegeversicherung (gesetzlich, privat)
- Optiker, orthopädische Werkstätten
- Selbsthilfegruppen (Anonyme Alkoholiker, Rheumaliga u. a.).

Tab. 2.1 Aufbau des Gesundheitswesens

Bereich	Organ	Aufgaben
Gesamte Welt	WHO (World Health Organisation)	Bekämpfung von Seuchen und Infektionskrankheiten Förderung von Aus- und Weiterbildungen Beratung beim Aufbau eines Gesundheitswesens, besonders in Entwicklungsländern Weltweite Koordination und Ausarbeitung von Normen und Richtlinien
Europa	Europarat	Koordinierung, Empfehlungen auf Staatenebene
	Europäische Union	Richtlinien, Vereinheitlichung, Forschung
Bund	Bundesministerium für Gesundheit und soziale Sicherung (BMSG)	Richtlinienumsetzung, Aufsicht, Weisungen
	Bundesinstitute (Robert Koch-Institut, Arzneimittel)	Zulassung von Arzneimitteln, Überwachung, Aufklärung
	Beratende Gremien (Bundeszentrale für Gesundheitliche Aufklärung, DIMDI)	Beratung, Aufklärung, Hinweise
Land	Landesgesundheitsministerium	Weisungen, Koordination, landesweite Kontrolle, Anordnungen
Bezirk, Stadt, Gemeinde	Medizinaluntersuchungsämter Gesundheitsämter	Seuchenbekämpfung, Überwachungen, Weisungen, Anordnungen, Aufsicht, Prüfung, ärztliche Tätigkeiten, Beratung
Sonstige Einzelbereiche	Krankenhäuser Senioren- und Pflegeheime Praxen medizinische Bäder Forschungseinrichtungen inkl. Labore und Pharmafirmen Apotheken, Optiker Selbsthilfegruppen, Kassen	Heilen, Erkennen, Beraten, Hinweisen, Herstellen

2.5 Krankenhauswesen

Ein Krankenhaus ist eine Einrichtung, in der durch ärztliche und pflegerische Maßnahmen Krankheiten, Leiden oder Körperschäden festgestellt, gelindert oder geheilt werden sollen oder Geburtshilfe geleistet wird (§ 107 SGB V). Die stationäre Aufnahme erfolgt, wenn eine ambulante Versorgung des Patienten nicht mehr möglich ist oder nicht ratsam erscheint.

2.5.1 Krankenhausarten

Man unterscheidet in Abhängigkeit von Funktion, apparativer Ausstattung und Patientenklientel verschiedene Arten von Krankenhäusern.

Einteilung der Krankenhäuser

- Akutkrankenhäuser
- Sonderkrankenhäuser (Kliniken mit bestimmten Patientengruppen, z.B. Reha-Kliniken, Suchtkliniken, Kurkrankenhäuser)
- Belegkrankenhäuser (ärztliche Leistung wird von einem sonst in der Praxis tätigen, niedergelassenen Arzt erbracht)
- Krankenhaus-ergänzende Einrichtungen (für Patienten, die nur noch eine teilweise stationäre Behandlung brauchen, z.B. Tages-, Nachtkliniken).

Akutkrankenhäuser

Die Akutkrankenhäuser werden in Abhängigkeit von Bettenzahl, vorhandenen Fachabteilungen und apparativer Ausstattung weiter unterteilt in:

- Krankenhäuser der Grund- und Regelversorgung: meist mit den Hauptfachrichtungen Innere Medizin, Chirurgie, Gynäkologie und Geburtshilfe für die ortsnahe Grundversorgung
- Krankenhäuser der Schwerpunktversorgung: meist mit bis zu 500 Betten und Fachabteilungen, z.B. Urologie, Psychiatrie, Orthopädie; gehobene apparative Ausstattung
- Krankenhäuser der Zentralversorgung: meist mit bis zu 1000 Betten und fast allen Fachrichtungen, besondere apparative Ausstattung
- Krankenhäuser der Maximalversorgung, Universitätskliniken: hoch spezialisierte Fachrichtungen mit der neuesten apparativen Ausstattung und praktisch allen Fachgebieten nebst Teilgebieten.

2.5.2 Krankenhausträger

Der Krankenhausträger ist die für das Krankenhaus verantwortliche juristische Person. In der Bundesrepublik Deutschland unterscheidet man folgende Krankenhausträger:

- Öffentliche Krankenhäuser: Träger sind Bundesland oder Städte (z.B. städtische Krankenhäuser/Kliniken, Universitätskliniken, Kreiskrankenhäuser)
- Freigemeinnützige Krankenhäuser: Träger sind religiöse, humanitäre oder soziale Vereinigungen (z.B. Rot-Kreuz-Krankenhäuser, Caritas-Kliniken)
- Private Krankenhäuser: Träger sind private Gewerbebetriebe (z.B. Sana-Kliniken).

Tab. 2.2 Krankenhausstatistik, Stand 2007 (Quelle: Statistisches Bundesamt)

Krankenhäuser	2 087
Krankenhausbetten	506 954
Behandlungsfälle gesamt	17 181 774
Durchschnittliche Verweildauer (in Tagen)	8,3
Nutzungsgrad (in %)	77,2
Beschäftigte (umgerechnet in Vollkräfte)	792 299
Ärztliches Personal	126 000
Nichtärztliches Personal	666 299
Davon im Pflegedienst	298 325

2.5.3 Krankenhausleitung

Die Leitung eines Krankenhauses obliegt in der Regel den drei unabhängigen, aber eng zusammenarbeitenden Fachbereichen Medizin, Pflege und Verwaltung. Im Einzelnen sind dann zuständig:

- Ärztliche Leitung
- Pflegerische Leitung
- Verwaltungsleitung.

Die Krankenhausleitung besteht i.d.R. aus ärztlichem Direktor, Pflegedienst- und Verwaltungsleiter.

2.5.4 Krankenhausfinanzierung

Die Finanzierung eines Krankenhauses richtet sich nach den gesetzlichen Vorgaben des **Krankenhausfinanzierungsgesetzes** (KHG) sowie des **Krankenhausentgeltgesetzes** (KHEntG). Mit dem Krankenhausfinanzierungsgesetz soll eine bedarfsgerechte Versorgung der Bevölkerung mit eigenverantwortlich wirtschaftenden Krankenhäusern gesichert werden. Krankenhäuser werden durch öffentliche Fördermittel sowie seit dem 01.01.2004 durch diagnoseorientierte Fallpauschalen (sog. Diagnosis Related Groups, kurz DRGs) finanziert.

Öffentliche Fördermittel

Öffentliche Fördermittel werden, sofern das Krankenhaus im **Krankenhausbedarfsplan** aufgenommen ist, z.B. gewährt für:

- Neu- und Umbauten sowie Erweiterungsbauten
- Anschaffung von Wirtschaftsgütern (ausgenommen Verbrauchsgütern)
- Wiederbeschaffung von Anlagegütern.

Abb. 2.1 Leitung und Organisation eines Krankenhauses.

Fallpauschalen und Pflegesätze

Bis zum Ende des Jahres 2003 wurden Krankenhäuser über ein Budget sowie tagesgleiche Pflegesätze und Fallpauschalen finanziert. Durch die verbindliche Einführung der DRGs im Jahr 2004 für alle Krankenhäuser wurde diese Finanzierungsform endgültig abgelöst.

Diagnosis Related Groups (DRGs)

Da das Gesundheitswesen mit erheblichen finanziellen Problemen zu kämpfen hat, wurde am 30.06.2000 die Einführung eines neuen Abrechnungssystems beschlossen: das sog. **DRG-System** (Diagnosis Related Groups = Diagnosebezogene Fallgruppen), das aus dem australischen Abrechnungssystem entwickelt wurde. Dieses System war ab dem 01.01.2003 wahlweise und ist seit dem 01.01.2004 für alle Krankenhäuser verpflichtend.

Jeder Behandlungsfall im Krankenhaus wird mit Fallpauschalen, den DRGs, abgerechnet. Das DRG-System definiert **Fallgruppen,** die im Durchschnitt den gleichen Behandlungsaufwand erfordern und daher gleich bezahlt werden (➤ Tab. 2.3).

In welche DRG ein Fall eingeordnet wird, richtet sich nach den **dokumentierten Diagnosen und Therapien** anhand der ICD- und OPS-Codes (ICD = International Code of Diagnosis; OPS = Operationenschlüssel). Jeder Behandlungsfall, das heißt in der Regel der gesamte Aufenthalt eines Patienten im Krankenhaus, wird auf Basis dieser Codierung genau einer Fallgruppe, einer DRG, zugeordnet. Diese Zuordnung ist maßgeblich für die Vergütung, die das Krankenhaus für die Behandlung pauschal erhält.

Bei der Abrechnung spielt es dann i.d.R. keine Rolle mehr, wie lange der Patient tatsächlich im Krankenhaus war, sondern bei allen Patienten werden die erbrachten Leistungen nach **Festpreisen** abgerechnet.

Die Zuweisung zu einer DRG erfolgt über:

- Die Hauptdiagnose
- Ggf. durchgeführte Prozeduren (Operationen, aufwändige diagnostische oder therapeutische Leistungen
- Nebendiagnosen (können die Schweregradeinstufung beeinflussen)
- Andere Faktoren, z.B. Alter oder Entlassungsart.

Da sich die Vergütung aus den dokumentierten Diagnosen- und Prozeduren ableitet (schwere Fälle = höhere Vergütung), kommt der **Dokumentation** im Krankenhaus eine erheblich größere Bedeutung zu als bisher.

Das DRG-System erfordert eine Änderung der Organisationsstrukturen in Krankenhäusern mit folgenden Auswirkungen:

- Verstärkte Zusammenarbeit zwischen den einzelnen Berufsgruppen und Disziplinen
- Neustrukturierung und Optimierung betriebsinterner Abläufe
- Berücksichtigung von pflegerelevanten Diagnosen, Weiterentwicklung von Pflegestandards
- Erstellung von Behandlungsleitlinien
- Pflegeüberleitung im Sinne eines Entlassungsmanagements
- Individuelle Beratung des Patienten und Überwachung seines Gesundheitszustandes.

Gesundheitsreform 2007

Im Jahr 2007 wurde von der Bundesregierung eine weitere umfassende Gesundheitsreform auf den Weg gebracht. Für die Krankenhäuser wurde folgendes neu eingeführt:

- Öffnung der Krankenhäuser für die ambulante Behandlung von Menschen, die an schweren oder seltenen Krankheiten leiden
- Zur Finanzierung des Gesundheitswesens müssen die Krankenhäuser insgesamt einen Solidarbeitrag von rund 250 Millionen Euro jährlich beisteuern.

Tab. 2.3 Beispiele für DRGs

DRG	DRG-Definition	Erlös
G23C	Appendektomie außer bei Peritonitis, ohne äußerst schwere oder schwere CC, Alter > 13 Jahre	1 775 EUR
O60D	Vaginale Entbindung ohne komplizierte Diagnose	1 420 EUR

2.6 Beschäftigte im Gesundheitswesen

Die Berufsgruppen im Gesundheitswesen lassen sich nach offiziellen und geschützten **Berufsbezeichnungen** unterteilen.

Berufe, die an eine staatliche Erlaubnis gebunden sind

- Arzt, Ärztin; Zahnarzt/-ärztin (Approbation wird vorausgesetzt)
- Apotheker/-in (Approbation als Apotheker wird vorausgesetzt)
- Heilpraktiker/-in (Erlaubnis zur Ausübung der Heilkunde wird vorausgesetzt)
- Psychotherapeut/-in.

Berufe mit geschützter Berufsbezeichnung, die unter ärztlicher oder anderer Aufsicht ausgeführt werden

- Gesundheits- und Krankenpfleger/-in
- Gesundheits- und Kinderkrankenpfleger
- Hebamme/Entbindungspfleger
- Medizinisch-technische(r) Assistent/-in
- Röntgenassistent/-in
- Rettungsassistent/-in.

2.6.1 Arzt/Ärztin

Der Arzt soll der Gesundheit des Einzelnen und des gesamten Volkes dienen. Hierzu gehören, entsprechend dem Ausbildungsstand, die eigenverantwortliche Diagnostik, Therapie, Rehabilitation und auch Prävention von Gesundheitsstörungen.

Ausbildung

Die Ausbildung des Arztes wird durch die **Approbationsordnung für Ärzte** geregelt:
- Sechs Jahre (Zwölf Semester) Studium, davon ein Jahr als praktisches Jahr in verschiedenen Abteilungen einer Klinik
- Dreimonatiges Krankenpflegepraktikum vor dem ersten Prüfungsabschnitt
- Viermonatige Famulatur an Krankenhäusern und/oder bei niedergelassenen Ärzten vor dem zweite Prüfungsabschnitt
- Ausbildung in erster Hilfe
- Ärztliche Prüfung, die in zwei Abschnitten abzulegen ist.

Nach der Beendigung dieser Zeit erfolgt die Approbation als Arzt, die das eigenverantwortliche Ausüben des Berufes ermöglicht.

Promotion

Die **Promotion** (Dr. med.) ist ein akademischer Grad und vom Erlangen der Approbation unabhängig. Sie muss separat durch die Abfassung einer wissenschaftlichen Arbeit unter Führung und Betreuung eines Doktorvaters (Universitätsprofessor) erworben werden. Die Doktorarbeit wird nach der mündlichen Prüfung, dem **Rigorosum,** veröffentlicht.

Approbation ist nicht gleich Promotion.

Weiterbildung

An das Medizinstudium schließt sich in der Regel eine vier- bis sechsjährige Weiterbildung in einer entsprechenden Fachabteilung zur Erlangung einer **Gebietsbezeichnung** („Facharzt") an, z.B. Innere Medizin, Chirurgie, Kinderheilkunde oder Allgemeinmedizin. Nach Absolvierung der Weiterbildungszeit und Bestehen der Facharztprüfung vor dem Prüfungsausschuss der Landesärztekammer erhält der Arzt die Anerkennungsurkunde und darf sich „Arzt für..." nennen.

Nach Erlangen einer Gebietsbezeichnung können noch bestimmte **Schwerpunktsbezeichnungen** nach meist zweijähriger Tätigkeit in einem Spezialgebiet erworben werden, z.B. Unfallchirurgie oder Kardiologie.

Unabhängig von den Gebietsbezeichnungen können **Zusatzbezeichnungen** erworben werden, z.B. Allergologie, Chirotherapie oder Naturheilverfahren. Hierzu müssen Kenntnisse auf einem bestimmten Tätigkeitsfeld nachgewiesen und eine Prüfung abgelegt werden.

Ärztekammer und Bundesärztekammer

Die Ärztekammern der Länder, in denen alle Ärzte Pflichtmitglied sind, sind Körperschaften des öffentlichen Rechts. Die Bundesärztekammer koordiniert die Belange der Ärztekammern der Länder und vertritt die beruflichen Interessen der Ärzteschaft auf Bundesebene.

2.6.2 Zahnarzt/Zahnärztin

Der Zahnarzt soll Erkrankungen von Mundhöhle, Zähnen und Kiefer erkennen, verhüten und behandeln.

Ausbildung

Fünf Jahre (zehn Semester) Studium.

Im Gegensatz zu den Ärzten sind die meisten Zahnärzte in der freien Praxis tätig. Eine Weiterbildung ist in der Kieferorthopädie und der Mund- und Kieferchirurgie möglich.

2.6.3 Apotheker/-in

Aufgabe des Apothekers ist die Versorgung der Bevölkerung mit Arzneimitteln. Hierzu gehören Entwicklung, Herstellung, Prüfung und/oder Abgabe von Arzneimitteln.

Ausbildung

- Vier Jahre Studium
- Acht Wochen Famulatur
- Ein praktisches Jahr in einer Apotheke.

Die meisten Apotheker arbeiten in der Apotheke oder der pharmazeutischen Industrie. Analog zu den Ärzten gibt es eine Apothekerkammer, die die Belange der Apotheker vertritt.

Apotheker dürfen keine Heilkunde ausüben, sondern lediglich Ratschläge und Empfehlungen geben.

2.6.4 Heilpraktiker/-in

Heilpraktiker sind in bestimmtem Maße zur Ausübung der Heilkunde berechtigt. Sie haben eine staatliche Erlaubnis zur Ausübung der Heilkunde, gestützt auf ein Heilpraktikergesetz aus dem Jahre 1939.

Voraussetzungen

- Überprüfung der Kenntnisse durch einen Amtsarzt
- Vollendung des 25. Lebensjahres
- Abgeschlossene Volksschulbildung
- Keine schweren strafrechtlichen oder sittlichen Verfehlungen
- Zuverlässigkeit, gesundheitliche Eignung
- Staatliche Erlaubnis (ausgestellt vom Gesundheitsamt).

Eine festgelegte Ausbildung oder standardisierte Prüfung ist nicht vorgeschrieben, jeder Heilpraktiker muss sich sein Wissen selbst erwerben. Heilpraktikerschulen sind meist private Schulen.

Ein Heilpraktiker hat keine vorgeschriebene Ausbildung.

Einschränkungen der Tätigkeiten

- Keine Ausübung von Geburtshilfe
- Keine Behandlung sexuell übertragbarer Krankheiten
- Keine Behandlung von meldepflichtigen, übertragbaren Krankheiten
- Keine Verordnung rezeptpflichtiger Medikamente oder Betäubungsmittel
- Keine zahnärztlichen Leistungen
- Keine Durchführung von Schwangerschaftsabbrüchen
- Keine Anwendung von Röntgenstrahlen.

Die vom Heilpraktiker angewandten Verfahren zählen zum Bereich der **Erfahrungsmedizin.** Die Behandlung erfolgt auf eigenes Risiko, eine Kostenerstattung ist allenfalls in Einzelfällen und bei privaten Krankenkassen möglich.

2.6.5 Gesundheits- und Krankenpfleger/-in

Gesundheits- und Krankenpfleger wirken verantwortlich bei der Verhütung, Erkennung und Heilung von Krankheiten mit. Dies umfasst die eigenverantwortliche Ausführung folgender Aufgaben:

- Erhebung und Feststellung des Pflegebedarfs; Planung, Organisation, Durchführung und Dokumentation der Pflege
- Evaluation der Pflege, Sicherung und Entwicklung der Qualität der Pflege
- Beratung, Anleitung und Unterstützung von zu pflegenden Menschen und ihrer Bezugspersonen in der individuellen Auseinandersetzung mit Gesundheit und Krankheit
- Einleitung lebenserhaltender Sofortmaßnahmen bis zum Eintreffen des Arztes.

Weiterhin fallen in den Tätigkeitsbereich folgende Aufgaben im Rahmen der Mitwirkung:

- Eigenständige Durchführung ärztlich veranlasster Maßnahmen
- Maßnahmen der medizinischen Diagnostik, Therapie oder Rehabilitation.

Der Gesundheits- und Krankenpfleger arbeitet mit anderen Berufsgruppen interdisziplinär zusammen und entwickelt multidisziplinäre und berufsübergreifende Lösungen von Gesundheitsproblemen.

2.6.6 Hebamme/Entbindungspfleger

Hebammen bzw. Entbindungspfleger sind zur Ausübung der **Geburtshilfe** berechtigt. Der Arzt ist verpflichtet, bei jeder Geburt eine(n) Hebamme/Entbindungspfleger hinzuzuziehen. Umgekehrt muss bei regelwidrigen Geburtsverläufen ein Arzt hinzugezogen werden.

Ein Arzt ist verpflichtet, bei jeder Geburt eine(n) Hebamme/Entbindungspfleger hinzuzuziehen.

Ausbildung

- Theoretische und praktische dreijährige Ausbildungszeit an einer Hebammenschule mit Betreuung von mindestens fünfzig Geburten
- Staatliche Prüfung.

Ausbildung und Prüfung werden geregelt in dem Gesetz über den Beruf der Hebamme und des Entbindungspflegers.

Aufgaben

- Schwangerenberatung
- Überwachung des Geburtsvorganges
- Hilfe bei der Geburt
- Versorgung des Neugeborenen
- Überwachung des Wochenbettes bei Mutter und Kind.

2.6.7 Andere Gesundheitsfachberufe

Neben den erwähnten gibt es noch weitere Gesundheitsfachberufe, die (außer bei Arzthelfer/ Medizinischer Fachangestellter) eine geschützte Berufsbezeichnung (Titelschutz) haben:
- Altenpfleger/-in: sind selbstständig und eigenverantwortlich tätig bei der Begleitung und Pflege alter Menschen
- Rettungsassistent/-in: führt am Notfallort bis zum Eintreffen des Arztes lebensrettende Maßnahmen durch
- Diätassistent/-in: berät und wacht über Aufstellung und Zubereitung von entsprechenden Speiseplänen, z.B. bei Diabetes
- Logopäde/-in: behandelt Sprachstörungen mit entsprechenden Übungen
- Ergotherapeut/-in: unterstützt Menschen, die in ihrer Handlungsfähigkeit eingeschränkt sind
- Orthoptist/-in: hilft bei Schielerkrankungen und Sehschwächen diagnostisch und therapeutisch mit
- Arzthelfer/-in; Medizinische(r) Fachangestellte(r): Mithilfe bei der Organisation der Arztpraxis und der Sprechstunde
- Pharmazeutisch-Technische(r) Assistent/-in: Unterstützung bei der Tätigkeit eines Apothekers
- Physiotherapeut/-in: Mithilfe bei Entwicklung, Erhalt oder Wiederherstellung der Körperfunktionen
- Masseur/-in und Medizinische(r) Bademeister/-in: Anwendung von Verfahren der physikalischen Therapie
- Medizinische(r) Fußpfleger/-in; Podologe/-in.

2.7 Aufbau des Pflegedienstes im Krankenhaus

Die Abwicklung eines reibungslosen Krankenhausbetriebes erfordert eine straffe Organisation der einzelnen Teilgebiete des Pflegedienstes.
Der Pflegedienst hat einen weitreichenden Verantwortungsbereich in einer Klinik. Die personelle Struktur muss klar gegliedert sein, damit die einzelnen Arbeitsbereiche genau definierte Tätigkeitsfelder haben. Die zu organisierenden Teilgebiete sind:
- Vertretungen, Urlaub, Nachtdienste
- Notfallbesetzung
- Katastrophenpläne
- Neuanschaffungen
- Personalplanung.

2.7.1 Pflegedienstleitung

Die Pflegedienstleitung steht an der Spitze des Pflegedienstes und trägt die Gesamtverantwortung.

Aufgaben der Pflegedienstleitung

- Leitung des Pflegedienstes
- Pflegedienstkoordination (zwischen Instituten, Kliniken und ärztlicher Direktion)
- Innerbetriebliche Fort- und Weiterbildung
- Aufsichtspflicht über pflegerischen Dienst
- Überwachung der Pflegequalität
- Weiterentwicklung der Arbeit, angepasst an medizinischen Fortschritt
- Entscheidung bei Beschwerden bezüglich pflegerischer Versorgung
- Zusammenarbeit mit den Leitungen der Pflegeschulen.

2.7.2 Leitende Pflegekraft (Stations- oder Abteilungsleitung)

Jede Abteilung hat eine leitende Pflegekraft. Diese ist verantwortlich für:
- Organisation (Aufgabenverteilung entsprechend Ausbildung)
- Planung (Dienste, Apotheke, neue Mitarbeiter)
- Kontrolle (Verbände, Betäubungsmittel, Pflegequalität der Mitarbeiter)
- Wirtschaftlichen Betrieb (ökonomischer Einsatz von Verbrauchsmitteln).

2.7.3 Krankenpflegekräfte

Die Pflegekräfte sind Gesundheits- und Krankenpfleger sowie Schüler und Krankenpflegehelfer, die entsprechend ihrem Ausbildungsstand eingesetzt werden. In kirchlichen Häusern kommen noch Ordensschwestern hinzu. Ferner sind im Stationsdienst Zivildienstleistende, Studenten und Praktikanten (in Ausbildung) als nicht ausgebildete Hilfen hinzuzurechnen.

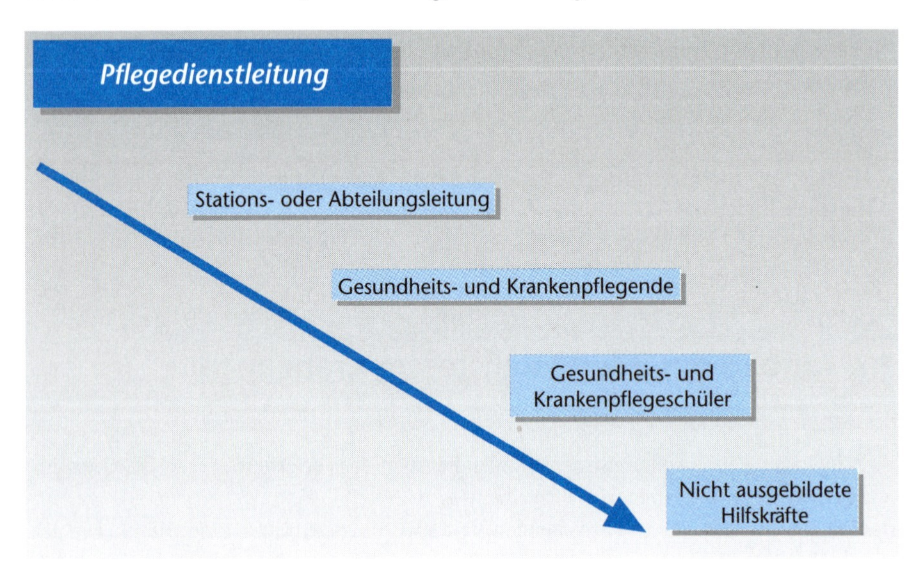

Abb. 2.2 Aufbau des Pflegedienstes.

KAPITEL

3 Ausbildung und Berufskunde in der Pflege

Das neue **Krankenpflegegesetz** (KrPflG) ist am 01.01.2004 in Kraft getreten. Es regelt alle bedeutsamen Fragen der Ausbildung und der Prüfung folgender Berufe:

- Gesundheits- und Krankenpfleger/-in
- Gesundheits- und Kinderkrankenpfleger/-in.

Im Krankenpflegegesetz wurde die Pflegewissenschaft als Grundlage des pflegerischen Handelns festgeschrieben, ebenso die Einbeziehung medizinischer und bezugswissenschaftlicher Erkenntnisse in den Pflegeprozess sowie die fachliche, personale und soziale Kompetenz zum verantwortlichen Mitwirken insbesondere bei der Heilung, Erkennung und Verhütung von Krankheiten. Zuständig für das Gesetzgebungsverfahren ist das Bundesministerium für Gesundheit und soziale Sicherung. Die Ausgestaltung der Curricula obliegt den zuständigen Ministerien der einzelnen Bundesländer.

3.1 Ziele der Gesundheits- und Krankenpflege

Ziele der Gesundheits- und Krankenpflege aufgrund pflegewissenschaftlicher Erkenntnisse (§ 3 KrPflG) sind insbesondere:

- Förderung und Wiederherstellung der Gesundheit
- Verhütung von Krankheit (Prävention)
- Eigenverantwortliche Einleitung von Sofortmaßnahmen bis zum Eintreffen des Arztes
- Eigenverantwortliche Erhebung und Feststellung des Pflegebedarfs; Planung, Organisation, Durchführung und Dokumentation der Pflege
- Eigenverantwortliche Beratung, Anleitung und Unterstützung zu Pflegender und deren Angehörigen
- Eigenverantwortliche Evaluation der Pflege und Entwicklung der Qualität
- Begleitung sterbender Menschen
- Maßnahmen in Krisen- und Katastrophensituationen
- Interdisziplinäre Zusammenarbeit mit anderen Berufen zur Lösung von Gesundheitsproblemen.

3.2 Berufsbezeichnung

Die Berufsbezeichnung hat sich geändert. Krankenschwestern, Krankenpfleger sowie Kinderkrankenschwestern oder -pfleger dürfen ihre Berufsbezeichnung weiter führen oder sich nach der neuen Bezeichnung nennen, ohne dass es einer Umschreibung der Erlaubnisurkunde bedarf (§ 23 KrPflG).

3.2.1 Führen der Berufsbezeichnung

Die Berufsbezeichnungen „Krankenschwester/-pfleger", „Kinderkrankenschwester/-pfleger" und „Krankenpflegehelfer/-in" sowie die Berufsbezeichnungen „Gesundheits- und Krankenpfleger/-in" und „Gesundheits- und Kinderkrankenpfleger/-in" sind gesetzlich durch § 1 in Verbindung mit § 21 KrpflG geschützt (Führen ohne Erlaubnis ist eine Ordnungswidrigkeit mit Geldbuße bis zu 3000 Euro).
Das Krankenpflegegesetz enthält Sonderregelungen für die Anerkennung von:

- Dienstzeiten im Sanitätsdienst der Bundeswehr
- Ausbildungen in anderen EU-Ländern, wenn dies durch Vorlage von Diplomen/Prüfungszeugnissen nachgewiesen wird (Berufsanerkennungsrichtlinie)
- Anderen ausländischen Ausbildungen, wenn die Gleichwertigkeit des Ausbildungsstandes gegeben ist.

Die Erlaubnis zur Führung der Berufsbezeichnung wird entzogen:

- Bei nachträglichem Beweis der Unzuverlässigkeit
- Wenn die Voraussetzungen zum Führen der Erlaubnis im Sinne von § 2 Abs. 1 KrPflG nicht vorgelegen haben (z.B. Nichtableistung der Ausbildungszeit, Nichtbestehen der staatlichen Prüfung, Ungeeignetheit aufgrund gesundheitlicher Probleme)
- Bei bestimmten rechtlichen Voraussetzungen (z.B. Begehen einer Straftat)
- Durch die zuständige Behörde des Bundeslandes.

Die Berufsbezeichnungen in der (Kinder-)Krankenpflege sind gesetzlich geschützt. Die Erlaubnis zu deren Führung kann unter bestimmten Voraussetzungen durch die zuständige Behörde des Bundeslandes entzogen werden.

3.2.2 Voraussetzungen für die Ausbildung

Für die Zulassung zur Ausbildung sind verschiedene Voraussetzungen zu erfüllen (§ 5 KrPflG), wobei in Einzelfällen Ausnahmen möglich sind:

- Gesundheitliche Eignung zur Berufsausbildung
- Realschulabschluss oder eine andere gleichwertige, abgeschlossene Schulbildung
- Hauptschulabschluss oder eine gleichwertige Schulbildung zusammen mit entweder einer erfolgreichen Berufsausbildung mit einer Ausbildungsdauer von wenigstens zwei Jahren oder einer Ausbildung/Erlaubnis als Krankenpflegehelfer/-in.

3.3 Ausbildung in der Gesundheits- und Krankenpflege

3.3.1 Ausbildungsziele

Das KrPflG unterscheidet in § 3 zwischen dem allgemeinen Ausbildungsziel und den Zielen, Aufgaben eigenverantwortlich oder unter Mitwirkung ausüben zu können.

3.3.2 Ausbildungszeiten

Die Ausbildung umfasst 2 100 Stunden theoretischen und praktischen Unterricht und eine praktische Ausbildung von 2 500 Stunden. Mindestens 80, jedoch nicht mehr als 120 Stunden sind ab der zweiten Hälfte der Ausbildungszeit im Nachtdienst abzuleisten. Das Ausbildungsverhältnis endet in der Regel mit Ablegen der Prüfung (§ 14 KrPflG).

Fehlzeiten

Auf die Dauer der Ausbildung werden angerechnet:

- Urlaub, einschließlich Bildungsurlaub; Ferien
- Unterbrechung durch Krankheit oder aus anderen, vom Schüler nicht zu vertretenden Gründen bis zu 10 % der Stunden des Unterrichts und 10 % der Stunden der praktischen Ausbildung
- Bei Unterbrechung durch Schwangerschaft: einschließlich der Fehlzeiten aus Punkt 2 höchstens eine Gesamtzeit von 14 Wochen während der gesamten Ausbildung.
- Die zuständige Behörde kann auf Antrag bei Vorliegen eines Härtefalls eine Ausnahmeerlaubnis erteilen (§ 7 KrPflG).

Verkürzte Ausbildungen sind auf Antrag bei der zuständigen Behörde möglich.

3.3.3 Ausbildungsverhältnis

Vor Beginn der Ausbildung muss ein schriftlicher Ausbildungsvertrag mit einem festgeschriebenen Mindestinhalt zwischen dem Ausbildungsträger und dem Auszubildenden – bei Minderjährigen auch dem gesetzlichen Vertreter – geschlossen werden (§ 9 KrPflG). Aus diesem Vertrag erwachsen für beide Seiten Rechte und Pflichten.
Auf die Ausbildung ist das Berufsbildungsgesetz nicht anwendbar (§ 22 KrPflG).
Die Bezeichnung während der Ausbildung ist Schüler des zu erlernenden Berufs.

3.3.4 Probezeit

Die Probezeit beträgt sechs Monate (§ 13 KrPflG).

3.3.5 Ausbildungsinhalte

Praktische Ausbildung

Die praktische Ausbildung erfolgt an einem Krankenhaus und in Einrichtungen der ambulanten Versorgung. Sie gliedert sich wie folgt:

Tab. 3.1 Praktische Ausbildung

I. Allgemeiner Bereich	**Stunden**
1. Gesundheits- und Krankenpflege von Menschen aller Altersgruppen in der stationären Versorgung in kurativen Gebieten in den Fächern Innere Medizin, Geriatrie, Neurologie, Chirurgie, Gynäkologie, Pädiatrie, Wochen- und Neugeborenenpflege sowie in mindestens zwei dieser Fächer in rehabilitativen und palliativen Gebieten	800
2. Gesundheits- und Krankenpflege von Menschen aller Altersgruppen in der ambulanten Versorgung in präventiven, kurativen, rehabilitativen und palliativen Gebieten	500
II. Differenzierungsbereich	
1. Gesundheits- und Krankenpflege: Stationäre Pflege in den Fächern Innere Medizin, Chirurgie, Psychiatrie *oder* 2. Gesundheits- und Kinderkrankenpflege: Stationäre Pflege in den Fächern Pädiatrie, Neonatologie, Kinderchirurgie, Neuropädiatrie, Kinder- und Jugendpsychiatrie	700
III. Zur Verteilung auf die Bereiche I. und II.	**500**
Stunden insgesamt	2 500

Theoretischer und praktischer Unterricht

Der Unterricht erfolgt an einer staatlich anerkannten **Krankenpflegeschule.** Im Rahmen bestimmter Themenbereiche sind verschiedene fachliche Wissensgrundlagen zu vermitteln. Die Wissensgrundlagen umfassen (in Stunden):
- Kenntnisse der Gesundheits- und Krankenpflege, der Gesundheits- und Kinderkrankenpflege sowie der Pflege- und Gesundheitswissenschaften (950)
- Pflegerelevante Kenntnisse der Naturwissenschaften und der Medizin (500)
- Pflegerelevante Kenntnisse der Geistes- und Sozialwissenschaften (300)
- Pflegerelevante Kenntnisse aus Recht, Politik und Wirtschaft (150)
- Zur freien Verteilung (200).

3.3.6 Ende des Ausbildungsverhältnisses

Das Ausbildungsverhältnis endet mit Ablauf der Ausbildungszeit von drei Jahren oder, sofern zum Zeitpunkt der Prüfung die geforderten 4600 Ausbildungsstunden vollständig erbracht worden sind, mit Ablegen der Prüfung (§ 14 KrPflG).

3.4 Ausbildung in der Gesundheits- und Kinderkrankenpflege

Ausbildung, Ausbildungsziele und Regelungen in der Kinderkrankenpflege sind denen der Krankenpflege sehr ähnlich, lediglich die Lerninhalte sind an die besonderen Belange der Kinderkrankenpflege angepasst.

3.5 Ausbildung zum Assistenzberuf in der Pflege

Eine Ausbildung im Bereich der Pflegeassistenz ist landesrechtlichen Regelungen unterworfen.

3.6 Prüfungsordnung für Krankenpflegeberufe

Die Vorschriften für die staatlichen Prüfungen in den Krankenpflegeberufen sind in der „Ausbildungs- und Prüfungsverordnung für die Berufe in der Krankenpflege“ geregelt.

3.6.1 Prüfungsausschuss

Der Prüfungsausschuss besteht in der Regel aus folgenden Mitgliedern:
- Vorsitzender
- Leiter der Schule
- Vier Fachprüfer (Arzt, zwei Lehrkräfte, Praxisanleiter).

3.6.2 Prüfungszulassung

Um zur Prüfung zugelassen zu werden, reicht die Krankenpflegeschule in Zusammenarbeit mit dem Auszubildenden folgende Unterlagen ein:
- Geburtsurkunde oder Auszug aus dem Familienbuch der Eltern
- Bescheinigung über die Teilnahme an den Ausbildungsveranstaltungen
- Antrag auf Zulassung zur Prüfung.

3.6.3 Prüfung in der Gesundheits- und Kranken-/Kinderkrankenpflege

Schriftlicher Teil

Die schriftliche Prüfung ist an drei Tagen durchzuführen. Sie erstreckt sich auf folgende Themenbereiche:
- Pflegesituationen bei Menschen aller Altersgruppen erkennen, erfassen und bewerten (120 Minuten)
- Pflegemaßnahmen auswählen, durchführen und auswerten (120 Minuten)
- Pflegehandeln an pflegewissenschaftlichen Erkenntnissen, Qualitätskriterien, rechtlichen Rahmenbestimmungen sowie wirtschaftlichen und ökologischen Prinzipien ausrichten (120 Minuten).

Mündlicher Teil

In der mündlichen Prüfung werden meist Gruppen von bis zu vier Kandidaten bzw. Kandidatinnen geprüft, wobei die Prüfung pro Themenbereich und Kandidat 15 Minuten nicht überschreiten soll. Geprüft werden folgende Themenbereiche:
- Unterstützung, Beratung und Anleitung in gesundheits- und pflegerelevanten Fragen fachkundig gewährleisten
- Berufliches Selbstverständnis entwickeln und lernen, berufliche Anforderungen zu bewältigen
- Bei der medizinischen Diagnostik und Therapie mitwirken und in Gruppen und Teams zusammenarbeiten.

Praktischer Teil

Die praktische Prüfung umfasst die Übernahme aller anfallenden Aufgaben einer prozessorientierten Pflege einschließlich der Dokumentation und Übergabe. In einem Prüfungsgespräch hat der Prüfling sein Pflegehandeln zu erläutern und zu begründen sowie die Prüfungssituation zu reflektieren.

3.7 Gesetz über die Berufe in der Altenpflege

Das **Altenpflegegesetz** (AltPflG) ist im Jahr 2003 auf Bundesebene in Kraft getreten. Vorausgegangen war eine Entscheidung des Bundesverfassungsgerichtes, das entschied, dass es sich bei der Altenpflege ebenso wie bei der Kinder- und Krankenpflege um einen Heilberuf im Sinne von Art. 74 Abs. 1 Nr. 19 GG handelt und somit die Gesetzgebungskompetenz beim Bund liegt.

Die **Berufsbezeichnung** „Altenpflegerin oder Altenpfleger“ ist gesetzlich durch § 1 AltPflG geschützt. Die Erlaubnis wird auf Antrag erteilt, wenn die gesundheitlichen Voraussetzungen vorliegen und die Ausbildung absolviert wurde. Die Ausbildung ist dreijährig und enthält 2 100 Stunden theoretischen und praktischen Unterricht. Die praktische Ausbildung beträgt 2 500 Stunden.

Voraussetzungen zur Ausbildung sind grundsätzlich die gesundheitliche Eignung sowie der Realschulabschluss oder ein als gleichwertig anerkannter Bildungsabschluss, alternativ ein Hauptschulabschluss mit einer erfolgreich abgeschlossenen mindestens zweijährigen Berufsausbildung oder einer Ausbildung/Erlaubnis als Krankenpflegehelfer/-in.

Die Ausbildung hat gemäß § 3 AltPflG zum Ziel, erforderliche medizinische, pflegerische und pflegewissenschaftliche Kenntnisse und Fähigkeiten zur selbstständigen und eigenverantwortlichen Pflege einschließlich der Beratung, Begleitung und Betreuung alter Menschen zu vermitteln.

All dies bedeutet, dass sich die Altenpflege auf den Weg gemacht hat, der Gesundheits- und Krankenpflege in nichts mehr nachzustehen und mit in den Kanon der Heilberufe aufgenommen zu werden. Für die Zukunft wird eine für alle drei Berufe umfassende generalistische oder integrierte Pflegeausbildung angestrebt, weshalb in die Gesetze so genannte „Modellklauseln" eingefügt wurden.

Altenpflege gilt als Heilberuf. Die Ausbildung ist nach Bundesrecht geregelt, die Berufsbezeichnung „Altenpfleger/-in" gesetzlich geschützt.

3.8 Fort- und Weiterbildung in den Heilberufen

Fort- und Weiterbildung sind für Pflegende von enormer Bedeutung, da hiermit auch eine Abgrenzung von anderen Berufen erfolgt und es nur so möglich ist, pflegewissenschaftlich fundiert zu pflegen und eigenverantwortliche Aufgaben haftungsrechtlich unbeschwert zu übernehmen.

Arbeitgeber sind nicht verpflichtet, die Fort- und Weiterbildung zu bezahlen, teilweise auch nicht verpflichtet, hierfür Zeit zur Verfügung zu stellen.

3.8.1 Fortbildung

Fortbildung dient der Anpassung an die Fortentwicklung in der Pflege. Fortbildungen sind themenspezifische Kurse, die in kürzerem Zeitraum als eine Weiterbildung absolviert werden können.

Beispiele

- Pflegeplanung und Pflegestandards
- Betriebswirtschaftliche Kenntnisse für Pflegende
- Risikomanagement
- Qualitätsmanagement.

3.8.2 Weiterbildung

Weiterbildung ist nötig, um die eigene berufliche Qualifikation zu erhöhen. Sie ist meist mit einem von der Weiterbildungsstätte oder landesrechtlich (in den meisten Bundesländern gibt es Weiterbildungsgesetze) definierten Abschluss verbunden.

Beispiele

- Pflegeberater
- Praxisanleiter
- Qualitätsberater
- Sachverständiger für Pflegefragen.

Die Weiterbildungen dauern drei Monate bis zwei Jahre; teilweise sind sie berufsbegleitend möglich.

Studiengänge in der Pflege

Mittlerweile haben sich als Weiterbildungsmöglichkeiten in der Pflege in Deutschland unterschiedliche Studiengänge an Fachhochschulen, Universitäten und privaten Instituten etabliert, u.a.:

- Pflegewissenschaft
- Pflegepädagogik
- Pflegemanagement
- Diplom-Studiengang Pflege.

Es gibt lediglich vereinzelt Fachhochschulen, an denen ohne Pflegeausbildung Pflege studiert werden kann. In der Regel ist eine entsprechende Ausbildung Voraussetzung für die Zulassung zum Studium.

3.8.3 Fachzeitschriften

Fachzeitschriften dienen der persönlichen Fortbildung. Sie informieren über Neuerungen in der Pflege – z.B. bezüglich der Gesetzgebung oder der Pflegepraxis –, bieten Fallbeispiele und vieles andere. In der ambulanten Pflege ist das Vorhandensein von Fachliteratur Prüfungsgegenstand bei Überprüfungen durch den Medizinischen Dienst der Krankenkassen (MDK).

3.9 Berufsverbände

Verschiedene Berufs- und Interessensverbände haben sich im Bereich der Pflege etabliert und sind in der Regel im Deutschen Pflegerat vertreten.

3.9.1 Deutscher Berufsverband für Krankenpflege (DBfK)

Der Deutsche Berufsverband für Krankenpflege (DBfK) ist ein Berufsverband mit Sitz in Berlin. Er setzt sich beispielsweise ein für:

- Mitwirkung bei der Professionalisierung der Pflege und eine Berufsordnung, Registrierung
- Beratung der Mitglieder in beruflichen Situationen
- Mitglieder sind automatisch auch Mitglieder im International Council of Nurses (ICN).

3.9.2 ICN

ICN steht für **International Council of Nurses** (Weltbund der Krankenschwestern und -pfleger). Er ist der internationale Zusammenschluss von zurzeit etwa 100 nationalen Krankenpflegeverbänden.

Ziel des ICN ist die Intensivierung der Beiträge der Pflegeberufe zur gesundheitlichen und pflegerischen Versorgung der Menschen in aller Welt durch:

- Förderung und Gründungshilfe nationaler Verbände
- Hilfestellung in Belangen der Pflege, z.B. Stellung der Pflegenden, Verbesserung des öffentlichen Gesundheitsdienstes
- Repräsentation der Pflegenden auf internationaler Ebene.

Der ICN setzt sich aus je einem Vertreter pro Mitgliedsverband zusammen. Alle zwei bis vier Jahre treffen sich die Mitglieder des ICN.

3.9.3 Freie Wohlfahrtspflege

Verbände, die historisch bedingt das Ziel haben, Hilfsbedürftige zu unterstützen:
- Deutscher Paritätischer Wohlfahrtsverband (DPWV)
- Diakonisches Werk (Ev. Kirche)
- Deutscher Caritasverband (Kath. Kirche)
- Arbeiterwohlfahrt (AWO)
- Deutsches Rotes Kreuz (DRK).

Diese Organisationen finanzieren sich aus ihren eigenen Unternehmen, aber auch aus Spenden, Eigenmitteln und teilweise durch staatlicher Unterstützung.

3.10 Krankenpflegeausbildung in Europa

Die Richtlinie 77/452 EWG regelt die gegenseitige Anerkennung von Diplomen oder Prüfungsnachweisen. Weitere Ausführungen sind sowohl im § 2 AltPflG als auch im § 2 KrPflG enthalten.

3.11 Qualitätssicherung in der Pflege

Im Sozialgesetzbuch V und XI (SGB) ist die Qualitätssicherung in allen pflegerischen Einrichtungen gesetzlich vorgeschrieben. Alle Berufsgruppen und Abteilungen werden am Qualitätssicherungsprozess beteiligt, wobei auf den Träger der Einrichtung die direkte Verantwortung fällt.

Zur Qualitätssicherung zählen z.B. Maßnahmen der Pflegedokumentation, wie der Nachweis von durchgeführten Pflegemaßnahmen, aber auch die Pflegeberatung und die Einhaltung der Pflegestandards sowie beispielsweise die Einhaltung aller Maßnahmen, die sich durch das Infektionsschutzgesetz oder berufsgenossenschaftliche Vorschriften ergeben. Der Qualitätssicherung kommt eine enorme Bedeutung zu, da die Kostenträger bei fehlenden Nachweisen das Entgelt verweigern können oder für entstandene Schäden Schadensersatz seitens der Kostenträger gefordert werden kann. Gerade das Gesetz zur Qualitätssicherung und zur Stärkung des Verbraucherschutzes in der Pflege **(Pflege-Qualitätssicherungsgesetz, PQsG)** verpflichtet die Einrichtungen noch mehr, ein umfassendes Qualitätsmanagement mit entsprechenden Personalbemessungsverfahren einzuführen.

Qualitätssicherung in der Pflege ist gesetzlich vorgeschrieben und Aufgabe aller am Pflegeprozess Beteiligten.

KAPITEL

4 Arbeitsrecht

Das Arbeitsrecht ist der Teil unserer Rechtsordnung, der die vertragliche Verpflichtung des Arbeitnehmers zur Leistung von Arbeit gegenüber seinem Arbeitgeber nach Inhalt und Form regelt. In Artikel 12 des Grundgesetzes ist die Freiheit der Berufswahl verankert.

Im Arbeitsrecht werden Arbeitnehmer und Arbeitgeber unterschieden. Beide Parteien haben jeweils Rechte und Pflichten, die in einem Arbeitsvertrag festgeschrieben werden.

4.1 Arbeitsvertrag

Der Arbeitsvertrag regelt beiderseitige **Rechte** und **Pflichten** (Arbeitgeber – Arbeitnehmer). Er ist ein **Dienstvertrag,** bei dem gegen Zahlung einer Vergütung eine Tätigkeit zu erbringen ist. Jeder voll Geschäftsfähige kann einen Arbeitsvertrag abschließen; Minderjährige können vom gesetzlichen Vertreter ermächtigt werden, sofern der Abschluss eines Arbeitsvertrages nicht gesetzlich ausgeschlossen ist.

4.1.1 Inhalt des Arbeitsvertrages

Ein Arbeitsvertrag regelt die Rechte und Pflichten der Arbeitgeber und -nehmer.
Punkte des Arbeitsvertrages sind z.B. (Nachweisgesetz):

- Art und Umfang der Tätigkeit (Stellenbeschreibung)
- Arbeitszeit
- Vergütung
- Regelungen für Urlaub
- Kündigungsvereinbarungen
- Dauer des Arbeitsverhältnisses
- Evtl. Zusatzvereinbarungen.

Insoweit keine Regelung getroffen ist, gelten die gesetzlichen Bestimmungen (z. B. BGB).

Tab. 4.1 Pflichten von Arbeitnehmer und Arbeitgeber

Pflichten des Arbeitnehmers	Pflichten des Arbeitgebers
Pflicht zur Arbeits- bzw. Dienstleistung	Pflicht zur Entgeltzahlung
Weisungsgebundenheit → Pflicht zur Ausführung von Anordnungen	Beschäftigungspflicht → Anspruch auf Ausüben der vereinbarten Tätigkeit
Treuepflicht → Verschwiegenheit, Konkurrenzverbot (Wettbewerbsverbot)	Fürsorgepflicht → möglichst sichere Ausgestaltung des Arbeitsplatzes
	Zeugnispflicht → Pflicht zur Ausstellung eines Arbeitszeugnisses
	Pflicht zur Zahlung der Sozialabgaben

4.1.2 Konsequenzen bei Pflichtverletzungen des Arbeitnehmers

Kommt der Arbeitnehmer seiner Arbeitspflicht überhaupt nicht oder nur unzureichend nach oder verletzt er die Pflichten des Arbeitsvertrags, kann das zu diesen Rechtsfolgen führen:
- Lohnminderung
- Kündigung
- Schadensersatz.

Lohnminderung

Schuldhaftes Langsam- oder Schlechtarbeiten berechtigt den Arbeitgeber zur Lohnminderung.

Kündigung

Die Schlechtleistung oder die Verletzung von arbeitsrechtlichen Pflichten kann den Arbeitgeber zur ordentlichen oder eventuell sogar zur außerordentlichen (fristlosen) Kündigung berechtigen.
Beispiel: Eine Pflegekraft verletzt ihre Schweigepflicht.

Schadensersatz

Der Arbeitnehmer haftet grundsätzlich für Schäden, die er schuldhaft (meist fahrlässig) herbeiführt. Beispiel: Eine Kinderkrankenschwester lässt aus Versehen einen Säugling aus dem Bettchen fallen, der sich daraufhin Verletzungen zuzieht.

Diese Haftung ist bei allen betrieblichen Tätigkeiten eingeschränkt, um den Arbeitnehmer vor existenzgefährdenden Belastungen zu bewahren.

Die Haftung entfällt bei fehlendem Verschulden oder leichtester Fahrlässigkeit; sie ist stets gegeben bei Vorsatz oder grober Fahrlässigkeit. Bei normaler Fahrlässigkeit wird der Schaden in der Regel zwischen Arbeitgeber und Arbeitnehmer aufgeteilt.

4.2 Beendigung des Arbeitsverhältnisses

Es gibt im Wesentlichen vier verschiedene Arten, einen Arbeitsvertrag zu beenden:
- Kündigung
- Aufhebungsvertrag
- Befristetes Arbeitsverhältnis
- Tod.

4.2.1 Kündigung

Eine Kündigung ist die Erklärung des Kündigenden, das Arbeitsverhältnis zu einem bestimmten Zeitpunkt zu beenden. Man unterscheidet eine **ordentliche** (fristgerechte) und eine **außerordentliche** (fristlose) **Kündigung.**

Ordentliche Kündigung (§ 622 BGB)

Die ordentliche Kündigung eines Arbeitsverhältnisses ist ohne Einschränkungen möglich, jedoch an bestimmte Fristen gebunden:

- Sie ist grundsätzlich mit einer Frist von **vier Wochen** zum 15. oder zum Ende eines Kalendermonats möglich
- Diese Fristen können sich je nach Dauer der Betriebszugehörigkeit und bei besonderen Voraussetzungen (z.B. Schwerbehinderte, ältere Angestellte, Schwangerschaft) erheblich verlängern
- I.d.R. ist zuvor eine Abmahnung erforderlich. Eine Abmahnung weist den Arbeitnehmer auf sein Fehlverhalten hin und warnt ihn vor einer Wiederholung.

Es ist zu beachten, dass bei einer Kündigung bestimmte Gesetze (z.B. Kündigungsschutzgesetz) zum Schutz des Arbeitnehmers greifen können.

Die gesetzliche Kündigungsfrist liegt bei 4 Wochen. Dies gilt gleichermaßen für Arbeiter und Angestellte.

Fristlose Kündigung (§ 626 BGB)

Die fristlose Kündigung (außerordentliche Kündigung) beendet das Arbeitsverhältnis **sofort.** Die fristlose Kündigung muss innerhalb von zwei Wochen erfolgen, nachdem der Kündigende den Kündigungsgrund erfahren hat (Kündigungsgründe sind Tatsachen, die eine Weiterbeschäftigung unzumutbar erscheinen lassen). Das Dienstverhältnis kann von beiden Seiten fristlos gekündigt werden.

Gründe für eine fristlose Kündigung sind z. B.:

- Strafbare oder treuewidrige Handlungen
- Dauernde Unpünktlichkeit (beharrliche Arbeitsverweigerung)
- Grob vertragswidriges Verhalten
- Verstöße gegen den Betriebsfrieden.

Kündigungsschutz

Das Kündigungsrecht des Arbeitgebers ist durch verschiedene Bestimmungen eingeschränkt.

Das **Kündigungsschutzgesetz** (bei ordentlicher Kündigung) gilt in Betrieben mit regelmäßig mehr als fünf bzw. zehn Beschäftigten. Arbeitsverhältnisse mit mehr als sechs Monaten Dauer können nur noch ordentlich gekündigt werden, wenn betriebs-, personen- oder verhaltensbedingte Gründe vorliegen. Wenn die Kündigung sozial ungerechtfertigt ist, ist die Kündigung unrechtmäßig. Dann muss bis spätestens drei Wochen nach Erhalt der Kündigung Klage beim Arbeitsgericht erhoben werden.

Nach sechsmonatiger Beschäftigung und ab bestimmter Mitarbeiterzahl (fünf bzw. zehn) dürfen Arbeitsverhältnisse nur noch aus betriebs-, personen- oder verhaltensbedingten Gründen gekündigt werden (§ 1 Kündigungsschutzgesetz).

Bestimmte Arbeitnehmergruppen wie Schwangere oder Schwerbehinderte genießen einen noch weitergehenden Kündigungsschutz und sind kaum ordentlich kündbar.

Kündigungsgründe

Im Rahmen des Kündigungsschutzgesetzes gibt es personenbedingte, verhaltensbedingte und betriebsbedingte Kündigungsgründe.

Individuell unterschiedliche, personenbedingte Gründe, z.B.

- Lang anhaltende Krankheit
- Unfähigkeit, die Arbeitsleistung zu erbringen (geistig wie körperlich)
- Häufige Kurzerkrankungen.

Krankheit schützt nicht vor Kündigung.

Verhaltensbedingte Gründe, z.B.
- Schlechte Arbeitsleistung
- Beleidigungen
- Verstöße gegen die Schweigepflicht
- Wiederholte Unpünktlichkeit.

Verstöße gegen die Schweigepflicht sind ein verhaltensbedingter Kündigungsgrund.

Betriebliche Gründe, z.B.
- Schließung von Betriebsteilen und Betrieben
- Arbeitsmangel.

4.2.2 Auflösung des Arbeitsvertrages

Ein Arbeitsvertrag kann in beiderseitigem Einvernehmen jederzeit mit sofortiger Wirkung aufgelöst werden **(Aufhebungsvertrag).** Beide Parteien sind hier an keinerlei Fristen gebunden. Es handelt sich nicht um eine einseitige Kündigung, sondern um einen Vertrag.

4.2.3 Tod des Arbeitnehmers und des Arbeitgebers

Eine Beendigung des Arbeitsverhältnisses ist gegeben bei:
- Tod des Arbeitnehmers
- Tod des Arbeitgebers nur, wenn die Arbeitsleistung an seine Person gebunden war. Ansonsten geht das Arbeitsverhältnis auf die Erben über.

4.2.4 Befristung

Befristete Arbeitsverhältnisse enden ohne Kündigung mit Ablauf der vereinbarten Zeit.

Der Abschluss eines befristeten Arbeitsverhältnisses ist im Regelfall nur zulässig bei Vorliegen eines sachlichen Grundes (Teilzeit- und Befristungsgesetz).

4.2.5 Zeugnis

Der Arbeitgeber unterliegt auf Bitte des Arbeitnehmers der **Zeugnispflicht,** unabhängig vom Grund der Beendigung des Arbeitsverhältnisses. Es ist zu unterscheiden zwischen einem einfachen und einem qualifizierten Zeugnis.

In einem **einfachen Zeugnis** muss die Art und Dauer der Tätigkeit beschrieben sein. Der Arbeitnehmer kann vom Arbeitgeber ein **qualifiziertes Zeugnis** verlangen, das neben Art und Dauer der Tätigkeit seine Führung und Leistung darstellt.

Das Zeugnis soll dabei **wohlwollend,** aber **wahrheitsgemäß** abgefasst sein. Lässt ein Arbeitgeber negative Fähigkeiten des Arbeitnehmers weg oder dichtet positive Eigenschaften wider besseres Wissen hinzu, so drohen Schadenersatzansprüche.

Ein Zeugnis soll wohlwollend, aber wahrheitsgemäß abgefasst sein.

4.3 Mitbestimmung, Tarifrecht und Tarifvertrag für den öffentlichen Dienst

4.3.1 Betriebsrat

In Betrieben der privaten Wirtschaft mit mindestens fünf hauptberuflich (ständig) beschäftigten Personen kann ein **Betriebsrat** gewählt werden. Im Bereich des öffentlichen Dienstes ist dies der **Personalrat.**

Der Personal- bzw. Betriebsrat beruft regelmäßige Personalversammlungen ein und verfasst einen Bericht über Inhalte der Versammlung. Das Betriebsverfassungs-/Personalvertretungsgesetz regelt Rechte, Pflichten, Wahl und Amtszeit der Betriebs-/Personalräte.

Aufgaben des Betriebs-/Personalrates

- Überwachung von Gesetzen, Vereinbarungen und Vorschriften
- Organisation der täglichen Arbeit
- Fragen der Arbeitssicherheit
- Klärung der Zugehörigkeit zu Vergütungsgruppen
- Vermittlung zwischen Arbeitgeber und -nehmer
- Förderung der Eingliederung Schwerbehinderter.

Der Arbeitgeber darf einem Betriebsrats-/Personalratsmitglied keine ordentliche Kündigung aussprechen.

4.3.2 Mitbestimmungsrecht

Die Mitbestimmung ermöglicht dem Betriebs-/Personalrat eine Mitwirkung bei rechtswirksamen Handlungen des Arbeitgebers.
Einige Beispiele der Mitbestimmung:
- Innerbetriebliche Berufsbildung
- Arbeitszeiten
- Pausen- und Urlaubsplanung
- Ordnung des Betriebs
- Gestaltung von Sozialeinrichtungen
- Versetzung und Kündigung.

4.3.3 Tarifvertragsrecht

In Deutschland gelten die **Koalitionsfreiheit** und die **Tarifautonomie.** Das bedeutet, dass sich Arbeitgeber und Arbeitnehmer als Tarifpartner zusammenschließen (Vereinigungsfreiheit nach Art. 9 GG) und die Tarifverträge ohne Einmischung und Einflussnahme des Staates aushandeln dürfen. Einige Mindeststandards für Arbeitsbedingungen und soziale Sicherheit sind allerdings gesetzlich vorgegeben, z.B. die Arbeitsschutzvorschriften und der Mindesturlaub nach dem Bundesurlaubsgesetz.

Die Tarifparteien bestehen aus **Arbeitgeberverbänden** als Vertreter der Arbeitgeber und den **Gewerkschaften** als Vertreter der Arbeitnehmer.

Gewerkschaften

Gewerkschaften sind Zusammenschlüsse von Arbeitnehmern. Gewerkschaften müssen überbetrieblich und verhandlungsfähig sein und sollen Einfluss auf Arbeitsbedingungen und Entlohnung haben.

Tarifvertrag

In einem Tarifvertrag erfolgt eine umfassende Regelung der Arbeitsbedingungen. Man unterscheidet zwischen den Lohn- und Gehaltstarifverträgen und Manteltarifverträgen. **Lohn- und Gehaltstarifverträge** regeln das Arbeitseinkommen und gelten meistens nur für ein Jahr. **Manteltarifverträge** regeln Arbeitsbedingungen wie z.B. Arbeitszeiten oder Arbeitsschutzmaßnahmen und haben eine Laufzeit von mehreren Jahren.

Manteltarife regeln Arbeitsbedingungen, Lohn- und Gehaltstarifverträge regeln Löhne und Gehälter.

4.3.4 Arbeitskampf

Ein Arbeitskampf wird geführt, wenn sich Arbeitgeber- und Arbeitnehmerseite nicht einigen können. Das Mittel der Arbeitnehmer ist der Streik, den Arbeitgebern steht das Instrument der Aussperrung zur Verfügung.

Streik

Bei einem Streik verweigern die Arbeitnehmer die Arbeitsleistung. Für einen Streik gelten folgende Grundregeln:
- Ein Streik muss das letzte Mittel sein, wenn alle Verhandlungsmöglichkeiten ausgeschöpft sind
- Ein Streik darf nicht während eines noch gültigen Tarifvertrages geführt werden (Friedenspflicht – Ausnahme: kurze Warnstreiks)
- Der Streik muss ordnungsgemäß mehrheitlich beschlossen sein
- Der Streik darf keine unverhältnismäßigen Folgen haben (lebensbedrohliche Folgen, extrem hohe Vermögensschäden).

Aussperrung

Bei einer Aussperrung wird den Arbeitnehmern der Zutritt zum Betrieb und die Ausübung der Tätigkeit verwehrt. Für diese Zeit besteht kein Anrecht auf Gehaltszahlungen oder Arbeitslosengeld; die Versorgung der Ausgesperrten erfolgt über die Streikkasse der Gewerkschaften.

4.3.5 Tarifvertrag für den öffentlichen Dienst (TVöD)

Am 13.09.2005 haben die Gewerkschaften sowie Bund und Kommunen den neuen Tarifvertrag für den öffentlichen Dienst (TVöD) unterzeichnet. Das neue Tarifrecht gilt seit dem 01.10.2005 für alle Arbeitnehmer von Bund und Kommunen und löst den Bundesangestelltentarifvertrag (BAT) ab. Diese Bestimmungen regeln die Vergütung der im Krankenhaus anfallenden Tätigkeiten und andere wichtige Punkte. Nach Abschluss eines Vertrages nach TVöD ist die betreffende Person Angestellter des öffentlichen Dienstes. Die u.a. für den öffentlichen Dienst zuständige Gewerkschaft ist die Vereinte Dienstleistungsgewerkschaft **ver.di.** Die Bundesländer haben einen eigenen Tarifvertrag für den öffentlichen Dienst der Länder (TV-L) verabschiedet.

Arbeitszeit

Die wöchentliche Arbeitszeit beträgt für:
- Die Beschäftigten des Bundes 39 Stunden

- Die Beschäftigten der Mitglieder eines Mitgliedverbandes der Vereinigung der kommunalen Arbeitgeberverbände (VKA) im Tarifgebiet West durchschnittlich 38,5 Stunden, im Tarifgebiet Ost durchschnittlich 40 Stunden.

Pausen werden dabei nicht mitgezählt. Regelmäßig Sonn- und Feiertagsbeschäftigte bekommen alle zwei Wochen zwei freie Tage.

Urlaub

Jedem steht entsprechend dem Alter Urlaub zu, in der Regel zwischen 26 und 30 Arbeitstage. Arbeitsbefreiung wird z.B. gewährt bei Tod des Ehegatten oder Umzug oder Geburt eines Kindes. Bei Arbeitsanfängern besteht eine sechsmonatige Urlaubssperre. Resturlaub muss spätestens bis zum 31.03. des darauffolgenden Jahres angetreten werden, sonst verfällt der Urlaubsanspruch.

Probezeit

Im TVöD gilt eine Probezeit von sechs Monaten, während der jederzeit ohne Angabe von Gründen gekündigt werden kann.

Kündigungsfristen

Im öffentlichen Dienst gelten besondere Kündigungsfristen. Nach einer Beschäftigungszeit von 15 Jahren, frühestens jedoch ab dem 40. Lebensjahr, ist der Angestellte unkündbar.
Kündigungsfristen (je nach Beschäftigungszeit):

- Weniger als sechs Monate: zwei Wochen zum Monatsende
- Bis zu einem Jahr: ein Monat zum Monatsschluss
- Bis zu fünf Jahren: sechs Wochen
- Ab fünf Jahren: drei Monate
- Ab acht Jahren: vier Monate
- Ab zehn Jahren: fünf Monate
- Ab zwölf Jahren: sechs Monate
- Mehr als 15 Jahre: unkündbar (wenn 40. Lebensjahr erreicht).

Krankheit

Eine Krankheit muss am ersten Tag gemeldet werden, ein ärztliches Attest über die Krankheit ist spätestens am vierten Tag einzureichen.

Eine Arbeitsunfähigkeit muss am ersten Tag gemeldet werden.

Lohn und Gehalt

Der Beschäftigte erhält monatlich ein Tabellenentgelt. Die Höhe richtet sich nach der **Entgeltgruppe,** in die er eingruppiert ist, und nach der für ihn geltenden **Stufe.**

Überstunden

Überstunden sind innerhalb von drei Monaten abzufeiern oder zu bezahlen.

Personalakte

Von jedem Angestellten wird eine Personalakte geführt, wobei jeder seine Akte einsehen darf.

4.4 Schutzgesetze

Für verschiedene betriebliche oder persönliche Bereiche und Situationen bestehen bestimmte Schutzgesetze, die zum einen der sozialen Sicherung des Arbeitnehmers dienen und zum anderen besondere Gefährdungen, denen manche Personengruppen unterliegen, berücksichtigen.

4.4.1 Arbeitszeitgesetz

Das Arbeitszeitgesetz regelt die maximal mögliche tägliche Arbeitszeit eines Arbeitnehmers. Es beinhaltet u.a. folgende Regelungen:
- Die regelmäßige, werktägliche Arbeitszeit darf acht Stunden täglich nicht überschreiten
- Die regelmäßige, werktägliche Arbeitszeit kann auf zehn Stunden verlängert werden, wenn der Schnitt von acht Stunden innerhalb von sechs Kalendermonaten oder innerhalb von 24 Wochen nicht überschritten wird
- Nach sechs Stunden Arbeitszeit besteht Anspruch auf eine Pause
- Zwischen zwei Arbeitsschichten müssen zehn bis elf Stunden Pause liegen.

In Tarifverträgen oder innerbetrieblichen Vereinbarungen können hiervon abweichende Regelungen vereinbart werden.

Im Krankenhausbereich immer wieder umstritten sind die folgenden Formen, die von der Arbeitszeit abzugrenzen sind:

Bereitschaftsdienst

Hier hält sich der Arbeitnehmer an einer vom Arbeitgeber bestimmten Stelle innerhalb oder außerhalb des Betriebes auf, um erforderlichenfalls sofort seine Arbeit aufnehmen zu können. Er muss sich jedoch nicht im Zustand „wacher Achtsamkeit" befinden. Der Europäische Gerichtshof hat entschieden, dass Bereitschaftsdienste Arbeitszeit sind.

Rufbereitschaft

Hier hält sich der Arbeitnehmer an einem von ihm selbst bestimmten Ort auf, ist aber für den Arbeitgeber erreichbar und hat sich auf Abruf zur Arbeit bereitzuhalten. Sie ist keine Arbeitszeit, sondern Ruhezeit.

4.4.2 Bundesurlaubsgesetz

Nach dem Bundesurlaubsgesetz hat ein Arbeitnehmer einen jährlichen **Urlaubsanspruch** von 24 Werktagen. In den meisten Tarifverträgen sind allerdings Urlaubszeiten von 26 – 30 Tagen vereinbart. Für den Urlaubanspruch gelten darüber hinaus folgende Regeln:
- Nach Neueintritt in einen Betrieb Wartezeit von sechs Monaten (Urlaubssperre)
- Der Arbeitgeber hat das Recht, die Zeit des Urlaubsantritts zu bestimmen
- Keine Ausübung einer Erwerbstätigkeit während des Urlaubs
- Ausbezahlung des Urlaubsanspruches nur, wenn ein Urlaubsantritt aus wichtigen Gründen nicht möglich ist.

4.4.3 Entgeltfortzahlungsgesetz

Nach dem Entgeltfortzahlungsgesetz muss die ersten sechs Wochen einer krankheitsbedingten Arbeitsunfähigkeit das Arbeitsentgelt vom Arbeitgeber weiterbezahlt werden. Im Krankheitsfall werden 100 % des Einkommens ausbezahlt.

4.4.4 Jugendarbeitsschutzgesetz

Das Jugendarbeitsschutzgesetz enthält Schutzbestimmungen für die Beschäftigung aller Personen, die unter 18 Jahre alt sind.

Begriffsbestimmungen

- **Kind** im Sinne dieses Gesetzes ist, wer noch nicht 15 Jahre alt ist
- Zwischen 15 und 18 ist man dem Gesetz nach **Jugendlicher**
- Auf Jugendliche, die der Vollzeitschulpflicht unterliegen, finden die für Kinder geltenden Vorschriften Anwendung.

Kinderarbeit

Die Beschäftigung von Personen unter 15 Jahren ist generell bis auf wenige Ausnahmen nicht erlaubt (z.B. Therapie, richterliche Weisung, Zeitungsaustragen, Landwirtschaft, Beschäftigung in der Familie).

Eine Beschäftigung von Personen unter 15 Jahren ist bis auf wenige Ausnahmen verboten.

Beschäftigung nicht schulpflichtiger Kinder

Kinder, die der Vollzeitschulpflicht nicht mehr unterliegen, dürfen beschäftigt werden:
- Im Berufsausbildungsverhältnis
- Außerhalb des Berufsausbildungsverhältnisses nur mit leichten und für sie geeigneten Tätigkeiten bis zu sieben Stunden täglich und 35 Stunden wöchentlich.

Schutzvorschriften für die Beschäftigung Jugendlicher

Für die Beschäftigung Jugendlicher ab 15 Jahre bis zur Vollendung des 18. Lebensjahres gelten folgende Vorschriften:
- Max. 40 Stunden Arbeit pro Woche
- Max. acht Stunden Arbeit pro Tag
- 25 (< 18 Jahre) bis 30 Werktage (< 16 Jahre) Urlaub pro Jahr
- Arbeit nur an Werktagen von 6 – 20 Uhr (Ausnahme: Krankenhaus, Pflegeheim)
- Bei mehr als sechs Stunden Arbeit mind. 60 Minuten Pause
- Bei einer Arbeitszeit von 4½ – 6 Stunden mind. 30 Minuten Pause
- Ärztliche Erstuntersuchung (nach zwölf Monaten Nachuntersuchung)
- Mind. zwölf Stunden Freizeit nach der Arbeit.

Nicht zulässig sind:
- Akkord- oder Fließbandarbeit
- Arbeit, welche die körperlichen Kräfte übersteigt (z.B. Patienten anheben, Tragen schwerer Gegenstände)
- Unsittliche Arbeit
- Arbeiten mit schädlichen Einwirkungen von Lärm, Erschütterungen, Strahlen oder giftigen, ätzenden oder reizenden Stoffen
- Arbeit nach fünf Stunden Berufsschulunterricht
- Beschäftigung nach 20 Uhr bis sechs Uhr.

Weitere Jugendschutzgesetze

Neben dem Jugendarbeitsschutzgesetz gibt es noch weitere, spezielle Gesetze zum Schutze der Jugend:
- Jugendgerichtsgesetz (legt die jugendgerechten Strafen fest)

- Gesetz zum Schutze der Jugend in der Öffentlichkeit (regelt z.B. Aufenthalt und Alkoholabgaben an Jugendliche in Gaststätten)
- Gesetz über die Verbreitung jugendgefährdender Schriften und Medieninhalte.

4.4.5 Mutterschutzgesetz

Das Mutterschutzgesetz soll Gefahren von Mutter und werdendem Kind abwenden und den Arbeitsplatz während der Schwangerschaft sichern. Es gilt für alle Frauen, die in einem Ausbildungs- oder Arbeitsverhältnis stehen sowie für Frauen, die Heimarbeit leisten.

Wesentliche Kriterien des Mutterschutzes

- Gesundheitsschutz
- Beschäftigungsverbote
- Kündigungsschutz
- Entgeltschutz.

Gesundheitsschutz

Zu den Maßnahmen des Gesundheitsschutzes bei Schwangeren gehört die Beachtung folgender Punkte:
- Abstimmung des Arbeitsplatzes auf die Schwangere und Stillende
- Liegeräume
- Stillzeiten von mindestens zweimal 30 Minuten oder einmal 60 Minuten pro Tag
- Sitzgelegenheiten bei Beschäftigung im Stehen oder Gehen; kurze Unterbrechungen bei sitzender Tätigkeit.

Verdienstausfall während der Stillzeiten ist unzulässig.

Beschäftigungsverbote und -einschränkungen

Während der Schwangerschaft gelten verschiedene Einschränkungen und Beschäftigungsverbote:

Beschäftigungsverbote
- Letzte sechs Wochen vor der Entbindung, es sei denn, die Schwangere erklärt sich ausdrücklich zur Arbeit bereit, wobei diese Erklärung jederzeit widerrufen werden kann
- Acht Wochen nach Entbindung eines Kindes, zwölf Wochen nach Mehrlings- und Frühgeburt
- Nacht- und Sonntagsarbeit (Ausnahme ➤ Tab. 4.2)
- Bestimmte gefährdete Bereiche (z.B. Röntgenabteilung).

Freiwillig darf vor der Geburt bis zum Termin gearbeitet werden.

Verbotene Arbeiten
- Regelmäßiges Anheben von Lasten über fünf Kilogramm
- Ständiges Stehen (mehr als vier Stunden pro Tag nach dem fünften Monat)
- Häufige unnatürliche Körperhaltung (Strecken oder Beugen)
- Arbeit auf Beförderungsmitteln (nach dem dritten Monat)
- Akkord- und Fließbandarbeit
- Arbeiten bei erhöhter Unfallgefahr
- Arbeiten mit typischen Berufserkrankungen.

Tab. 4.2 Beschäftigungsverbote und Einschränkungen während der Schwangerschaft

Zeitraum	Beschäftigungsverbote	Ausnahmen
Vom Beginn der Schwangerschaft an	Regelmäßiges Anheben von Lasten über fünf Kilogramm	Keine
	Ständiges Stehen (mehr als vier Std./Tag nach dem fünften Monat)	Keine
	Häufige unnatürliche Körperhaltung	Keine
	Arbeit auf Beförderungsmitteln (nach dem dritten Monat)	Keine
	Akkord- und Fließbandarbeit	Keine
	Arbeit bei erhöhter Unfallgefahr	Keine
	Bestimmte gefährdete Bereiche (Röntgenabteilungen)	Keine
	Nachtarbeit (zwischen 20 und sechs Uhr)	Gastwirtschaft, Landwirtschaft, Künstlerinnen
	Sonntagsarbeit	Krankenhaus
Sechs Wochen vor der Entbindung	Generelles Beschäftigungsverbot	Schwangere erklärt sich ausdrücklich bereit, wobei diese Erklärung jederzeit widerrufen werden kann
Bis zum Ablauf von acht, bei Früh- oder Mehrlingsgeburten zwölf Wochen nach Geburt	Generelles Beschäftigungsverbot	Bei Tod des Kindes Beschäftigung auf ausdrückliches Verlangen der Mutter und wenn nach ärztlichem Zeugnis nichts dagegen spricht

Kündigungsschutz

Für die Dauer der Schwangerschaft und für vier Monate nach der Entbindung besteht Kündigungsschutz, sofern dem Arbeitgeber die Schwangerschaft bekannt ist oder bis zwei Wochen nach der Kündigung bekannt wurde. Der Kündigungsschutz verlängert sich, wenn Elternzeit in Anspruch genommen wird.

Es besteht Kündigungsschutz für die Dauer der Schwangerschaft und vier Monate danach, sofern die Schwangerschaft dem Arbeitgeber bekannt ist.

Die Frage nach der Schwangerschaft (z.B. bei einem Einstellungsgespräch) ist seitens des Arbeitgebers i. d. R. unzulässig, es sei denn, eine bestehende Schwangerschaft schließt die Eignung für einen bestimmten Arbeitsplatz aus (z.B. Röntgenassistentin).

Werdende Mütter sollten – um den Schutz in Anspruch nehmen zu können – ihrem Arbeitgeber mitteilen, dass sie schwanger sind und wann sie voraussichtlich entbinden werden. Die Zeit für Vorsorgeuntersuchungen muss der Arbeitgeber gewähren. Der Arbeitgeber muss dem Gewerbeaufsichtsamt die Schwangerschaft mitteilen.

Entgeltschutz

Die Frau hat während des Mutterschutzes Anspruch auf drei Leistungen.

Mutterschutzlohn vom Arbeitgeber

Frauen erhalten während der Beschäftigungsverbote den bisherigen Durchschnittsverdienst der letzten 13 Wochen oder der letzten drei Monate vor Beginn des Monats, in dem die Schwangerschaft eingetreten ist.

Mutterschutzgeld

- Frauen, die Mitglied einer Krankenkasse sind, erhalten für die Zeit der Schutzfristen (s.o.) und am Entbindungstag Mutterschaftsgeld (max. 13 EUR pro Tag), bezahlt von der Krankenkasse
- Frauen, die nicht Mitglied einer Krankenkasse sind, erhalten für die Zeit der Schutzfristen Mutterschaftsgeld zu Lasten des Bundes (max. 210 EUR), bezahlt vom Bundesversicherungsamt.

Arbeitgeberzuschuss zum Mutterschaftsgeld

Der Arbeitgeber muss einen Zuschuss entrichten, der sich aus dem Unterschiedsbetrag zwischen dem Mutterschaftsgeld und dem um die gesetzlichen Abzüge verminderten durchschnittlichen kalendertäglichen Arbeitsentgelt errechnet. So wird eine Schlechterstellung der Mutter verhindert.

4.4.6 Schwerbehindertenschutz

Der Schwerbehindertenschutz ist im Neunten Buch des Sozialgesetzbuches geregelt (SGB IX) und soll Nachteile behinderter Arbeitnehmer ausgleichen. Schwerbehindertenschutz erhält eine Person, wenn sie eine Behinderung von mehr als 50 % hat und ihren Wohnsitz, ihren gewöhnlichen Aufenthalt oder eine Beschäftigung auf einem Arbeitsplatz im Sinne des § 73 SGB IX rechtmäßig im Bundesgebiet hat. Behinderte Menschen können den Schwerbehinderten gleichgestellt werden. Die Gleichstellung setzt einen Grad der Behinderung von wenigstens 30 v.H. voraus.

Bestimmungen des SGB IX

- Firmen mit mindestens 20 Arbeitsplätzen müssen wenigstens 5 % der Arbeitsplätze mit Schwerbehinderten besetzen; andernfalls muss eine Ausgleichsabgabe bezahlt werden, die nach der Beschäftigungsquote gestaffelt ist (z.B. 105 EUR/Monat bei einer Beschäftigungsquote über 3 % und unter 5 %)
- Arbeitgeber dürfen schwerbehinderte Beschäftigte nicht wegen ihrer Behinderung benachteiligen
- Bereits im Vorfeld einer Kündigung ist der Arbeitgeber verpflichtet, sich mit der Schwerbehindertenvertretung unter Beiziehung des Integrationsamtes zu beraten, wie das gestörte Arbeitsverhältnis verbessert werden kann
- Eine Kündigung von Schwerbehinderten ist nur mit Zustimmung des Integrationsamtes möglich
- Schwerbehinderte haben Anspruch auf fünf zusätzliche Urlaubstage im Jahr.

4.4.7 Unfallverhütungsvorschriften/BG-Regeln

Die Unfallverhütungsvorschriften (UVV) sollen Unfällen vorbeugen. Mögliche Gefahren und Unfallrisiken werden in diesen Vorschriften aufgezeigt und sollen so ins Bewusstsein gerufen werden. Im Krankenhausbereich gelten außerdem speziell die **„technischen Regeln für biologische Arbeitsstoffe“** (BG-Regel).

Verantwortlich für die Überwachung der Unfallverhütungsvorschriften sind krankenhausintern der Betriebsarzt, die Hygienefachkraft, die zuständigen Sicherheitsingenieure und letztlich der Verwaltungsdirektor. Als staatliche Stelle überwachen i.d.R. die **Gewerbeaufsichtsämter** bzw. **Ämter für Arbeitsschutz,** aber auch die zuständige Berufsgenossenschaft die Durchführung der Unfallverhütungsvorschriften.

Allgemeine Inhalte sind z.B. Beschäftigungsvoraussetzungen und Maßnahmen zur Verhütung von Berufserkrankungen und Arbeitsunfällen.

Spezielle Bestimmungen in infektionsgefährdeten Bereichen regeln z.B. den Umgang mit infektiösem Material und Vorsichtsmaßnahmen.

Die Gewerbeaufsichtsämter bzw. Ämter für Arbeitsschutz überwachen die Durchführung der Unfallverhütungsvorschriften.

4.4.8 Röntgenverordnung

Die Röntgenverordnung enthält Bestimmungen über den Betrieb von Röntgenanlagen, Schutzvorschriften beim Umgang mit Röntgenstrahlen, Vorschriften über Strahlenschutzkontrollen und die ärztliche Überwachung von Personen, die mit Röntgenstrahlen umgehen müssen.

Sie soll erreichen, dass Patienten, Personal und Umwelt keinen unnötigen Strahlenbelastungen ausgesetzt werden. Dazu muss gewährleistet sein, dass alle Personen, die mit Strahlung umgehen oder in den entsprechenden Bereichen arbeiten, die notwendigen Fachkenntnisse mitbringen.

Bestimmungen für den Betrieb einer Röntgeneinrichtung

Wer eine Röntgenanlage betreibt, muss bestimmte Voraussetzungen personeller, baulicher und organisatorischer Art erfüllen:

- Der Betrieb einer Röntgenanlage muss genehmigt werden (bei behördlich zugelassenen Anlagen reicht eine einfache Anzeige)
- Die Röntgenanlage muss eine dem aktuellen technischen Stand entsprechende, möglichst geringe Strahlenbelastung haben
- Bestimmung eines **Strahlenschutzverantwortlichen,** in der Regel der Betreiber (Krankenhausträger im Klinikbereich oder niedergelassener Röntgenarzt)
- Bestimmung von **Strahlenschutzbeauftragten,** die für die Einhaltung der Bestimmungen und eine möglichst geringe Strahlenexposition in ihren zuständigen Bereichen sorgen
- Die Räume, in denen eine Röntgenanlage betrieben wird, müssen allseitig umschlossen sein und in einen Kontroll- und Überwachungsbereich getrennt sein
- Abnahmeprüfung vor der Inbetriebnahme einer Röntgenanlage (gute Bildqualität bei geringer Strahlenbelastung)
- Regelmäßige, monatliche Konstanzprüfungen zur Qualitätssicherung.

Kontrollbereich

Bereiche, in denen Personen während eines Jahres Strahlendosen von mehr als sechs mSv (Millisievert) oder höhere Organdosen als 45 mSv für die Augenlinse oder 150 mSv für die Haut, die Hände, die Unterarme, die Füße und Knöchel erhalten können, werden als **Kontrollbereiche** bezeichnet. Hier sind besondere Vorsichtsmaßnahmen notwendig:

- Der Kontrollbereich muss ein räumlich abgegrenzter und sichtbar gekennzeichneter Bereich sein (z.B. „Vorsicht Röntgenstrahlung – Kein Zutritt")
- Ein ausreichender Schutz im Kontrollbereich muss durch Schutzkleidung des Personals gewährleistet sein
- Schwangeren kann der Zutritt zum Kontrollbereich gestattet werden, sofern der Strahlenschutzverantwortliche oder -beauftragte dies gestattet und durch Überwachungsmaßnahmen die Einhaltung des Dosisgrenzwertes sichergestellt ist
- Unterweisung der im Kontrollbereich tätigen Personen (vor Aufnahme und jährlich)
- Ständiges Tragen von Strahlendosimetern im Kontrollbereich.

Überwachungsbereich

Der **Überwachungsbereich** grenzt an den Kontrollbereich. Hier können Strahlenbelastungen von mehr als einem mSv oder höhere Organdosen als 15 mSv für die Augenlinse oder 50 mSv für die Haut, die Hände, die Unterarme, die Füße und Knöchel pro Kalenderjahr auftreten. Auch im Überwachungsbereich dürfen sich nur Personen aufhalten, die dort arbeiten müssen.

Anwendung von Röntgenstrahlen

Röntgenbilder dürfen nur auf **ärztliche Anordnung** angefertigt werden. Vor Anfertigung des Röntgenbildes müssen Patienten nach vorherigen Aufnahmen und einer evtl. Schwangerschaft befragt werden. Für die Untersuchung muss eine rechtfertigende Indikation vorliegen. Die nicht zu untersuchenden Körperteile (insbesondere Gonaden) müssen vor Strahlung geschützt werden. Nur bestimmte Personengruppen dürfen Röntgenstrahlen am Menschen anwenden:

- Ärzte und Zahnärzte mit einer entsprechenden Zusatzqualifikation (Fachkunde im Strahlenschutz)
- Ärzte und Zahnärzte mit den notwendigen Kenntnissen unter Aufsicht einer Person mit Fachkundenachweis
- Medizinisch-technische Radiologieassistenten
- Hilfskräfte, die über die notwendigen Kenntnisse verfügen und unter Aufsicht stehen.

Röntgenbilder dürfen nur auf ärztliche Anordnung angefertigt werden. Aufzeichnungen über Röntgenbehandlungen müssen 30 Jahre aufbewahrt werden, Aufzeichnungen über Röntgenuntersuchungen (inkl. Bilder) sind zehn Jahre lang aufzubewahren, mindestens bis zum 28. Lebensjahr.

Personenschutz

Besonders strahlenexponierte Personen müssen regelmäßig ärztlich untersucht werden und jedes Halbjahr über Arbeitsmethoden und Grundlagen des Strahlenschutzes unterrichtet werden.

4.4.9 Strahlenschutzverordnung

Die Strahlenschutzverordnung (StrlSchV) dient dem Schutz vor Schäden durch ionisierende Strahlen. Sie regelt den Strahlenschutz beim Umgang mit **radioaktiven Stoffen** einschließlich Beförderung, Ein- und Ausfuhr, Gewinnung und Aufbereitung.
Nach der Strahlenschutzverordnung ist in Krankenhäusern insbesondere zu beachten:

- Personen unter 18 Jahren sowie Schwangere dürfen nicht mit offenen radioaktiven Stoffen umgehen
- Schwangeren kann der Zutritt zum Kontrollbereich gestattet werden, sofern der Strahlenschutzverantwortliche oder -beauftragte dies gestattet und durch Überwachungsmaßnahmen die Einhaltung des Dosisgrenzwertes sichergestellt ist
- Schwangere dürfen nicht im Sperrgebiet arbeiten
- Auszubildenden und Studierenden kann zu Ausbildungszwecken von der zuständigen Behörde der Umgang mit radioaktiven Stoffen genehmigt werden, soweit sie unter der Aufsicht Fachkundiger für Strahlenschutz stehen
- Die Fachkunde für Strahlenschutz muss in mindestens fünfjährigen Abständen aktualisiert werden
- Alle Personen, die in Sperr- und Kontrollbereichen tätig sind, sind zu unterweisen
- Beim Umgang mit offenen radioaktiven Substanzen ist es verboten zu essen, zu trinken, zu rauchen oder kosmetische Mittel aufzunehmen, um die Aufnahme von radioaktiven Substanzen zu verhindern

- Dosimeter für Personen im Kontrollbereich und die Durchführung von Messungen sind Vorschrift
- Ausscheidungen von Patienten, die mit radioaktiven Substanzen behandelt wurden, können radioaktiv sein, ebenso der Körper eines entsprechend behandelten Verstorbenen. Eine gesonderte Entsorgung kann erforderlich sein.

Die Strahlenschutzverordnung regelt den Umgang mit radioaktiven Stoffen.

4.4.10 Medizinproduktegesetz (MPG)

Ziele des am 01.01.1995 in Kraft getretenen Medizinproduktegesetzes (MPG):
- **Europaweite** Regelung der Sicherheit und Eignung von Medizinprodukten
- Gewährleistung von Gesundheit und Sicherheit von Patienten und Anwendern.

Die Bewertung der technischen und medizinischen Anforderungen an ein Medizinprodukt gehört zum Aufgabenbereich des Bundesinstitutes für Arzneimittel und Medizinprodukte (BfArM). Die grundlegenden Anforderungen an ein Medizinprodukt legt das Bundesministerium für Gesundheit fest.

Als **Medizinprodukte** im Sinne des Gesetzes gelten alle Instrumente, Apparate, Vorrichtungen, Stoffe und Zubereitungen aus Stoffen, die von ihrem Hersteller zur Anwendung am Menschen bestimmt sind. Ihre Funktion kann liegen in:
- Der Erkennung, Verhütung, Überwachung, Behandlung oder Linderung von Krankheiten
- Der Erkennung, Überwachung, Behandlung, Linderung oder Kompensierung von Verletzungen oder Behinderungen
- Der Untersuchung, des Ersatzes oder der Veränderung des anatomischen Aufbaus oder eines physiologischen Vorgangs
- Der Empfängnisregelung.

Die bestimmungsgemäße Hauptwirkung von Medizinprodukten im oder am menschlichen Körper darf nicht durch pharmakologisch oder immunologisch wirkende Mittel, die unter das Arzneimittelgesetz fallen, erreicht werden.

Aktive Medizinprodukte (z.B. Defibrillatoren) unterscheiden sich von **nicht aktiven Medizinprodukten** (z.B. Pinzette) durch Nutzung einer zusätzlichen Energiequelle, wie z.B. Strom.

Medizinprodukte im Sinne des Gesetzes sind also letztlich alle medizinischen Gegenstände, Instrumente und Apparate, mit denen medizinisches Personal, Erkrankte, Behinderte oder Personen, die einer Krankheit oder Schwangerschaft vorbeugen wollen, in Kontakt kommen, z.B. Infusionsgeräte, Katheter, Röntgengeräte, Spritzen, Linsen usw.

Die Voraussetzung für ein erstmaliges EU-weites Inverkehrbringen von Medizinprodukten ist die **CE-Kennzeichnung.** Sie muss deutlich sichtbar, gut lesbar und dauerhaft auf dem Medizinprodukt, der Handelspackung und der Gebrauchsanweisung angebracht sein.

Verbote zum Schutz von Patienten, Anwendern und Dritten

Sicherheitsgefährdende Medizinprodukte

Sicherheitsgefährdende Medizinprodukte sowie Medizinprodukte nach Ablauf des Verfalldatums dürfen nicht:
- In den Verkehr gebracht
- Errichtet
- In Betrieb genommen
- Betrieben
- Angewendet werden.

Mangelhafte Medizinprodukte

Mangelhafte Medizinprodukte (z.B. mit defekten Kabeln und Steckern) dürfen nicht betrieben und nicht angewendet werden.

Umgang mit Medizinprodukten nur durch sachkundige Anwender

Medizinprodukte dürfen nur von Personen angewendet werden, die aufgrund Ihrer Ausbildung, Ihrer Kenntnisse und praktischen Erfahrung die Gewähr für eine praktische Erfahrung bieten.

4.4.11 Verordnungen beim Umgang mit Medizinprodukten

Medizinprodukte-Betreiberverordnung

Neben dem Medizinproduktegesetz gibt es die sog. Medizinprodukte-Betreiberverordnung (MPBetreibV). Sie gilt für das **Errichten, Betreiben** und **Anwenden** von Medizinprodukten und regelt die Pflichten von Betreibern und Anwendern.

Allgemeine Anforderungen
- Der Anwender hat vor der Anwendung die Funktionsfähigkeit zu prüfen und die Gebrauchsanweisung zu beachten
- Betreiber und Anwender müssen Vorkommnisse melden
- Nur sachkundige Personen dürfen die Geräte instand halten.

Besondere Vorschriften für aktive Medizinprodukte
Für bestimmte aktive Medizinprodukte gibt es besondere Regeln:
- Der Betrieb des aktiven Medizinproduktes ist nur nach Funktionsprüfung durch den Hersteller und Einweisung des Betreibers zulässig
- Die Anwendung des aktiven Medizinproduktes ist nur durch sachkundige Personen nach Einweisung zulässig
- Der Betreiber sorgt für sicherheitstechnische Kontrollen in regelmäßigen Abständen.

Bestandsverzeichnis und Medizinproduktebuch

Für bestimmte in den Anlagen zur Betreiberverordnung aufgeführte Medizinprodukte ist ein Bestandsverzeichnis zu führen. Für alle aktiven nicht implantierbaren Medizinprodukte muss ein Medizinproduktebuch geführt werden.

Inhalte des Bestandsverzeichnisses
- Name und Firma des Geräteherstellers
- Typ, Fabriknummer und Anschaffungsjahr
- Die der CE-Kennzeichnung hinzugefügte Kennnummer
- Frist für die sicherheitstechnische Kontrolle
- Standort oder betriebliche Zuordnung.

Inhalte des Medizinproduktebuches
- Bezeichnung und sonstige Angaben zur Identifikation des Medizinproduktes
- Zeitpunkt der Funktionsprüfung vor der erstmaligen Inbetriebnahme des Gerätes
- Zeitpunkt der Einweisung sowie die Namen der eingewiesenen Personen
- Zeitpunkt der Durchführung von sicherheitstechnischen Kontrollen und Instandhaltungsmaßnahmen sowie Namen der Personen und Firma, die diese Kontrollen durchgeführt haben
- Zeitpunkt, Art und Folgen von Funktionsstörungen und wiederholten gleichartigen Bedienungsfehlern
- Meldungen von Vorkommnissen an Behörden und Hersteller.

Bestandsverzeichnisse und Medizinproduktebücher müssen für Anwender und ggf. Prüfer frei zugänglich aufbewahrt werden.

KAPITEL

5 Gesetzgebung

Die Bundesrepublik Deutschland ist ein demokratischer und sozialer Bundesstaat. Die Grundrechte und die Verfassung binden die Gesetzgebung (Legislative), die vollziehende Gewalt (Exekutive) und die Rechtsprechung (Judikative) als unmittelbar geltendes Recht (Gewaltenteilung).

Die Gesetzgebung wird durch Einbringen einer **Gesetzesvorlage** durch die Bundesregierung, aus der Mitte des Bundestages oder den Bundesrat in Gang gesetzt.

Grundsätzlich haben im föderalistischen System der Bundesrepublik die einzelnen Bundesländer das Recht der Gesetzgebung, soweit das Grundgesetz nicht dem Bund die Gesetzgebungsbefugnisse verleiht (wie Art. 74 Abs. 1 Nr. 19 GG – Gesetzgebungskompetenz für die Heilberufe). Bundesrecht bricht Landesrecht, jedoch kann das Bundesgesetz eine Ermächtigungsgrundlage zur Schaffung untergesetzlicher Normen vorsehen.

Nur wenn Gesetze und andere Rechtsvorschriften ordnungsgemäß zustande gekommen sind, ist die Rechtmäßigkeit staatlichen Handelns möglich.

5.1 Bundes- und Ländergesetzgebung

5.1.1 Bundesgesetzgebung

Ausschließliche Gesetzgebung (Art. 71 in Verbindung mit Art. 73 GG)

In diesen Bereichen ist ausschließlich der Bund für die Gesetzgebung zuständig, z.B.:

- Auswärtige Angelegenheiten sowie die Verteidigung einschließlich des Schutzes der Zivilbevölkerung
- Staatsangehörigkeit im Bund, ebenso das Passwesen, die Ein- und Auswanderung und die Auslieferung
- Luftverkehr, Post, Eisenbahn und Fernmeldewesen.

Grundgesetz

	Legislative (*Gesetzgebende Gewalt*)	Judikative (*Rechtsprechende Gewalt*)	Exekutive (*Vollziehende Gewalt*)
Bundesebene →	Bundestag	Bundesgerichte	Bundesregierung
Länderebene →	Länderparlamente	Ländergerichte	Länderregierung
Gemeindeebene →	Gemeinde-, Stadträte	Amtsgerichte	Kreis-, Gemeinde-, Stadtverwaltungen

Abb. 5.1 Gewaltenteilung in Deutschland.

Rahmengesetzgebung (Art. 72 in Verbindung mit Art. 75 GG)

In einigen Bereichen hat der Bund die Rahmengesetzgebungskompetenz. Dies bedeutet, dass der Bund das Recht hat, unter bestimmten Voraussetzungen Rahmenvorschriften für die Gesetzgebung der Länder zu erlassen.

Rahmenvorschriften dürfen nur in Ausnahmefällen in Einzelheiten gehende oder unmittelbar geltende Regelungen enthalten. Erlässt der Bund Rahmenvorschriften, so sind die Länder verpflichtet, innerhalb einer gesetzlich bestimmten angemessenen Frist die erforderlichen Landesgesetze zu erlassen.

Beispiele für die Rahmengesetzgebung:
- Allgemeine Grundsätze des Hochschulwesens
- Allgemeine Rechtsverhältnisse der Presse
- Melde- und Ausweiswesen.

5.1.2 Ländergesetzgebung

Konkurrierende Gesetzgebung (Art. 72 in Verbindung mit Art. 74 GG)

Im Bereich der konkurrierenden Gesetzgebung haben die Länder die Befugnis zur Gesetzgebung, solange und soweit der Bund von seiner Gesetzgebungskompetenz keinen Gebrauch gemacht hat.

Dem Bund steht hier nur die Gesetzgebung zu, wenn die Herstellung gleichwertiger Lebensverhältnisse im gesamten Bundesgebiet oder die Wahrung der Rechts- und Wirtschaftseinheit eine übergreifende bundesgesetzliche Regelung erforderlich macht.

Beispiele für Bereiche der konkurrierenden Gesetzgebung:
- Bürgerliches Recht, Strafrecht und Strafvollzug
- Aufenthalts- und Niederlassungsrecht für Ausländer
- Arbeitsrecht einschließlich Betriebsverfassung, Arbeitsschutz, Arbeitsvermittlung, Sozialversicherung, Arbeitslosenversicherung
- Maßnahmen gegen gemeingefährliche und übertragbare Krankheiten bei Menschen und Tieren
- Ärztliche und andere Heilberufe
- Verkehr mit Arzneien, Heil- und Betäubungsmitteln
- Wirtschaftliche Sicherung der Krankenhäuser und die Regelung der Krankenhauspflegesätze
- Künstliche Befruchtung.

Ausschließliche Zuständigkeit der Länder

Die Länder haben ausschließliche Gesetzgebungskompetenz auf den Gebieten:
- Des Gemeinderechts
- Des Polizeirechts
- Der Kulturpolitik, z.B. Schulen, Theater.

5.1.3 Gemeindeverwaltung

Art. 28 GG gestattet den Gemeinden, alle Angelegenheiten der örtlichen Gemeinschaft im Rahmen der Gesetze eigenverantwortlich zu regeln.

5.2 Gesetzgebungsverfahren

5.2.1 Einbringung und Behandlung des Gesetzentwurfs

Gesetzesvorlagen bringen die Bundesregierung, die Abgeordneten des Bundestages („Mitte des Bundestags“) oder der Bundesrat beim Bundestag ein. Gesetzesvorlagen der Bundesregierung sind zunächst dem Bundesrat, Vorlagen des Bundesrates sind durch die Bundesregierung dem Bundestag zuzuleiten.

Nach einem im Grundgesetz vorgeschriebenen formalistischen und an Fristen gebundenen Verfahren werden die Bundesgesetze in der Regel vom Bundestag beschlossen. Nach ihrer Annahme leitet sie der Bundestagspräsident unverzüglich dem Bundesrat zu.

Gesetzesinitiativrecht haben Bundesregierung, Bundesrat und die Abgeordneten des Bundestages (Mitte des Bundestages).

Nach Einbringen in den Bundestag (➤ Kap. 12.2) geht der Gesetzentwurf folgenden Weg:
- **Beratung** des Gesetzentwurfs im Bundestag und seinen Fachausschüssen mit max. drei Lesungen:
  - Erste Lesung des Gesetzes mit allgemeiner Aussprache
  - Zweite Lesung mit evtl. eingebrachten Änderungen
  - Dritte Lesung mit Abstimmung über den Entwurf (Annahme oder Ablehnung)
- **Vorlage** des Gesetzes im Bundesrat:
  - Bei Ablehnung des Gesetzes im Bundesrat kann der Vermittlungsausschuss angerufen werden
  - Bei Zustimmung des Bundesrates wird das Gesetz weitergeleitet
- **Ausfertigung** des Gesetzes durch den Bundespräsidenten und **Gegenzeichnung** durch den Bundeskanzler und die zuständigen Minister.

Die Entscheidungen über Gesetze, die keine Änderung des Grundgesetzes beinhalten, fallen mit **einfacher Mehrheit.** Änderungen des Grundgesetzes sind dagegen nur mit einer **⅔-Mehrheit** des Bundestages und des Bundesrates möglich.

Änderungen des Grundgesetztes erfordern im Bundestag und im Bundesrat eine ⅔-Mehrheit.

Zustandekommen von Bundesgesetzen (Art. 78 GG)

Gesetze bedürfen in der Regel nicht der Zustimmung des Bundesrates (➤ Kap. 12.3). Eine Zustimmungsbedürftigkeit liegt vor, wenn Länderinteressen betroffen sind oder das Grundgesetz geändert werden soll.

Man unterscheidet folgende Gesetzesarten
- Zustimmungsbedürftige Gesetze (Zustimmungsgesetze)
- Zustimmungsfreie Gesetze (Einspruchsgesetze).

Zustimmungsbedürftige Gesetze kommen nur mit der Zustimmung des Bundesrates zustande. Die Funktion des Bundesrates ist hier die einer echten zweiten Kammer.

Zustimmungsfreie Gesetze kommen zustande, wenn der Bundestag sie beschlossen hat und:
- Der Antrag auf Einberufung des Vermittlungsausschusses (➤ Kap. 5.2.2) vom Bundesrat nicht gestellt wurde
- Nach Abschluss des Vermittlungsverfahrens nicht fristgerecht Einspruch eingelegt wurde
- Der Einspruch zurückgenommen wurde
- Wenn der Einspruch des Bundesrates vom Bundestag überstimmt wurde.

Zustimmungsbedürftige und zustimmungsfreie Gesetze lassen sich auch an ihrer Eingangs- und Schlussformulierung erkennen. Bei Zustimmungsgesetzen lautet die Eingangsformel:

- „Der Bundestag hat mit Zustimmung des Bundesrates das folgende Gesetz beschlossen."

Zustimmungsfreie Gesetze haben dagegen die Eingangsformel:

- „Der Bundestag hat das folgendes Gesetz beschlossen: ..." und enden mit der Schlussformel: „Die verfassungsmäßigen Rechte des Bundesrates sind gewahrt."

Zustimmungsbedürftige Gesetze kommen nur mit Zustimmung des Bundesrates zustande. Bei zustimmungsfreien Gesetzen kann ein Einspruch des Bundesrates vom Bundestag überstimmt werden.

5.2.2 Vermittlungsausschuss

Nach dem Beschluss eines zustimmungsfreien Bundesgesetzes durch den Bundestag wird dieses durch den Präsidenten des Bundestages dem Bundesrat zugeleitet. Der Bundesrat kann innerhalb einer bestimmten Frist verlangen, dass ein aus Mitgliedern des Bundestages und Bundesrates gebildeter Ausschuss einberufen wird, der an Weisungen nicht gebunden ist. Dieser so genannte **Vermittlungsausschuss** hat die Aufgabe, den Gesetzestext so zu formulieren, dass er von beiden Organen angenommen werden kann.

Bei zustimmungsbedürftigen Gesetzen kann der Vermittlungsausschuss von Bundesrat, Bundestag oder Bundesregierung angerufen werden.

Der Vermittlungsausschuss setzt sich aus jeweils 16 Mitgliedern des Bundestages und des Bundesrates zusammen.

5.2.3 Ausfertigung, Verkündung und Inkrafttreten von Gesetzen

Die Originalurkunde des neuen Gesetzes wird zunächst dem zuständigen Bundesminister zur Unterschrift vorgelegt; nach dessen Gegenzeichnung prüft es der Bundeskanzler und zum Schluss der Bundespräsident.

Der Bundespräsident hat die Ausfertigung und Verkündung vorzunehmen. Ist er jedoch der Ansicht, dass das Gesetz nicht verfassungskonform zustande gekommen ist, muss er die Ausfertigung und Verkündung unterlassen, bis eine Klärung (Anrufung des Bundesverfassungsgerichts möglich) herbeigeführt ist. Fristen zur Ausfertigung und Verkündung sind in der Verfassung nicht vorgesehen.

Die **Ausfertigung** erfolgt, indem der Bundespräsident die Originalurkunde des Gesetzes unterschreibt.

Die **Verkündung** erfolgt durch die Veröffentlichung im Bundesgesetzblatt (BGBl).

Mit seinem **Inkrafttreten** wird ein Bundesgesetz rechtsverbindlich. Jedes Gesetz sollte den Tag des Inkrafttretens enthalten. Ist dies nicht der Fall, so tritt es mit dem vierzehnten Tag nach Ablauf des Tages in Kraft, in dem das Bundesgesetzblatt in die Öffentlichkeit gelangt.

Gesetze, die verfassungskonform zustande gekommen, ausgefertigt und verkündet sind, treten in Kraft und entfalten Rechtsverbindlichkeit.

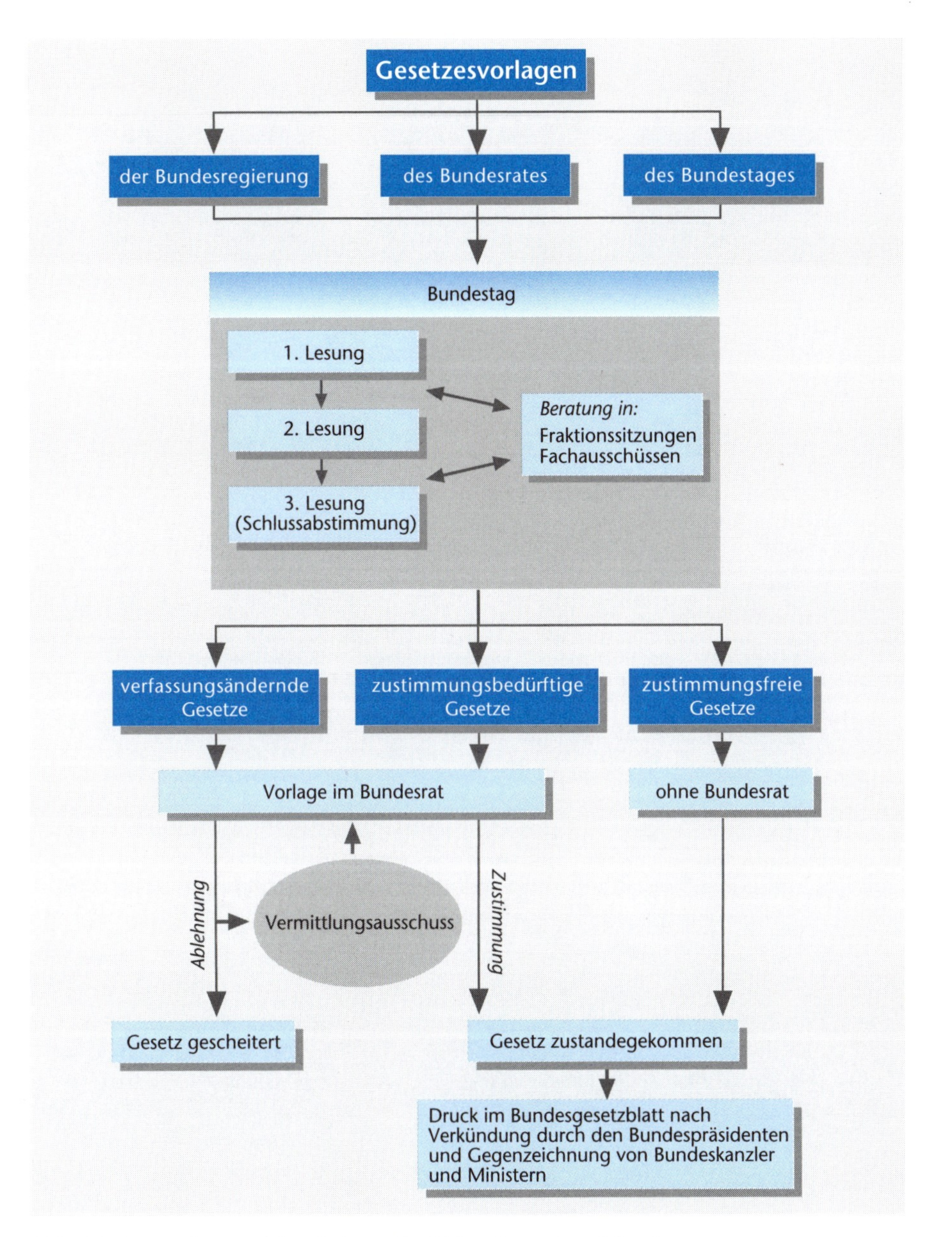

Abb. 5.2 Gesetzgebungsverfahren in Deutschland (ohne Einspruchsverfahren).

KAPITEL

6 Spezielle Gesetzeskunde

Gesetze haben zum Ziel, das Zusammenleben der Menschen zu regeln. Sie werden durch die jeweils zuständigen Gesetzgebungsorgane erlassen (➤ Kap. 5). Auch im Bereich der Pflege berühren gesetzliche Vorschriften den Arbeitsalltag unmittelbar und mittelbar.

6.1 Gerichtsbarkeit

Wegen des Umfangs und der Komplexität der Rechtsvorschriften wird das Gerichtswesen in Deutschland in fünf unterschiedliche Gerichtsbarkeiten unterteilt:

- Ordentliche Gerichtsbarkeit
- Arbeitsgerichtsbarkeit
- Sozialgerichtsbarkeit
- Verwaltungsgerichtsbarkeit
- Finanzgerichtsbarkeit.

6.1.1 Ordentliche Gerichtsbarkeit

Die ordentliche Gerichtsbarkeit unterteilt sich in Zivil- und Strafgerichtsbarkeit.

Abb. 6.1 Gerichtsbarkeit in Deutschland.

Zivilgerichtsbarkeit

Die Zivilgerichte behandeln Rechtsstreitigkeiten der Bürger untereinander (z.B. Schadensersatzansprüche oder Unterhaltsklagen). Es handelt sich häufig um Streitigkeiten aus dem Zivilrecht, dessen maßgebliche Vorschriften im **Bürgerlichen Gesetzbuch** (BGB) stehen.

Zivilgerichte sind zuständig für Rechtsstreitigkeiten der Bürger untereinander.

Strafgerichtsbarkeit

Die Strafgerichte behandeln Straftaten, die nach dem Strafrecht begangen werden:
- Der Staat muss den Beweis für die Tat des angeklagten Bürgers erbringen
- Maßgebend für das Strafrecht sind das Strafgesetzbuch (StGB) und die strafrechtlichen Nebengesetze (z.B. Betäubungsmittelgesetz).

Strafgerichte urteilen über Straftaten; Anklage erhebt die Staatsanwaltschaft.

6.1.2 Arbeitsgerichtsbarkeit

Die Arbeitsgerichte behandeln und entscheiden Streitigkeiten aus dem Bereich der **Arbeitsverhältnisse,** z.B. Rechtmäßigkeit einer Kündigung, die Höhe von Abfindungen oder Ansprüche auf Arbeitsentgelt. In der ersten Instanz tragen die Parteien die Kosten selbst.

6.1.3 Sozialgerichtsbarkeit

Die Sozialgerichte entscheiden Streitigkeiten im Bereich des öffentlich-rechtlichen **Sozialwesens,** z.B. die Höhe einer Altersrente, den Anspruch auf Sozialhilfe oder eine Einstufung bei Schwerbehinderung.

6.1.4 Verwaltungsgerichtsbarkeit

Die Verwaltungsgerichte verhandeln und entscheiden **öffentlich-rechtliche** Streitigkeiten, bei denen mindestens einer der Beteiligten als Vertreter eines Hoheitsrechtes auftritt. Typische Streitfälle betreffen z.B. den Entzug der Berufserlaubnis.

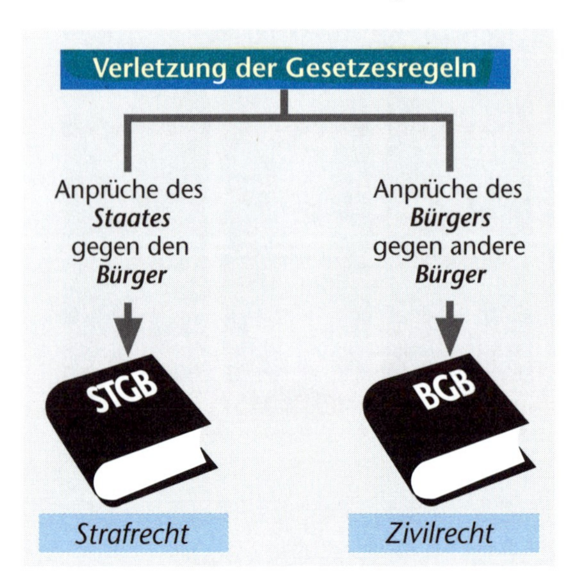

Abb. 6.2 Zivil- und Strafrecht.

6.1.5 Finanzgerichtsbarkeit

Die Finanzgerichte entscheiden über alle Streitigkeiten aus dem **Steuerrecht.** Typische Streitfälle betreffen z.B. Höhe und Rechtmäßigkeit von Steuern.

6.1.6 Bundesverfassungsgericht

Das Bundesverfassungsgericht (BVerfG) ist bei zahlreichen Rechtsfragen die oberste Instanz in Deutschland. Auf europäischer Ebene kann eine Zuständigkeit des Europäischen Gerichtshofs (EuGH) begründet werden. Das BVerfG wacht über die Einhaltung der Verfassung durch Gesetzgeber, vollziehende Gewalt und Gerichte. Beispielsweise kann eine **Verfassungsbeschwerde** erhoben werden, wenn die auf niedrigerer Gerichtsebene behandelte Frage grundsätzliche Bedeutung hat oder ein Grundrecht als Abwehrrecht des Bürgers gegen den Staat verletzt ist.

Das Bundesverfassungsgericht trifft Entscheidungen am Maßstab des Verfassungsrechts.

6.2 Rechtsprechung

Die Rechtsprechung **(Legislative)** ist eine der drei Grundgewalten, die unser gesellschaftliches Zusammenleben regelt.

6.2.1 Gewaltenteilung

Unter Gewaltenteilung versteht man im Allgemeinen die Aufteilung der Staatsgewalt. Typischerweise werden unterschieden:

- **Legislative** → Gesetzgebende Gewalt (Bundestag, Länderparlamente)
- **Judikative** → Recht sprechende Gewalt (Gerichte)
- **Exekutive** → vollziehende Gewalt (Bundesregierung, Länderregierungen).

6.2.2 Grundsätze der Rechtsprechung

In der deutschen Rechtsprechung gelten insbesondere folgende Grundsätze:

- Vor dem Gesetz sind alle Menschen gleich
- Jede Person darf ein Gericht anrufen
- Eine Tat darf nur einmal bestraft werden
- Es gibt keine Todesstrafe.

6.2.3 Rechtsquellen

In Deutschland gibt es vor allem folgende Rechtsquellen:

- **Gesetze.** Schriftlich niedergelegte, für Staat und Bürger verbindliche Verhaltensregeln
- **Verordnungen** und **Richtlinien.** Willensäußerungen der Exekutive (vollziehende Gewalt), die als Ermächtigungsgrundlage ein Gesetz benötigen (z.B. Ausbildungs- und Prüfungsverordnung – Ermächtigungsgrundlage befindet sich im Krankenpflegegesetz)
- **Satzungen.** Recht der Gemeinden, Körperschaften und Anstalten des öffentlichen Rechts (z.B. Kammersatzung für Heilberufe).

6.3 Strafrecht

6.3.1 Grundsätze des Strafrechts

Das Strafrecht ist Teil des öffentlichen Rechts. Es regelt Beziehungen hoheitlicher Natur zwischen dem Staat und dem Bürger, im Gegensatz zum Bürgerlichen Gesetzbuch (BGB), das die Rechtsbeziehungen zwischen den Bürgern regelt.

Im **Strafgesetzbuch** (StGB) sind die Voraussetzungen für eine Strafbarkeit und die einzelnen Merkmale eines strafbewehrten Verhaltens festgelegt, Strafen angedroht und auch Rechtsfolgen des Verhaltens sowie Maßnahmen der Besserung und Sicherung festgelegt.
Die Delikte im StGB sind nach der Schwere der Strafandrohung in zwei Gruppen eingeteilt:

- **Verbrechen** (rechtswidrige Tat, als Mindestmaß droht Freiheitsstrafe von einem Jahr)
- **Vergehen** (als Mindestmaß droht Freiheitsstrafe unter einem Jahr oder Geldstrafe).

Wichtige Grundsätze im Rahmen des Strafrechts:

- Keine Strafbarkeit ohne Strafgesetz – keine analoge Anwendung von Rechtsnormen oder Gewohnheitsrecht
- Der Täter muss einen Tatbestand erfüllt haben
- Die Handlung muss rechtswidrig sein; es dürfen keine Rechtfertigungsgründe greifen (z.B. Notwehr, Notstand)
- Die Handlung muss schuldhaft erfolgt sein
- Der Täter darf nicht schuldunfähig sein.

Bei bestimmten Delikten ist nicht nur die Vollendung der Tat mit Strafe bedroht, sondern auch der **Versuch.**

6.3.2 Vorsatz und Fahrlässigkeit

Das Gesetz sieht eine Bestrafung nur bei **Vorsatz** vor, es sein denn, eine fahrlässige Handlung steht ausdrücklich unter Strafe. Die Fahrlässigkeitstat zeichnet sich dadurch aus, dass der Täter keinen Willen zur Tatverwirklichung hat.

Bei einer vom Täter wissentlich und gewollt ausgeführten Tat spricht man von Vorsatz.

6.3.3 Täterschaft

Unser Recht kennt unterschiedliche Formen der Täterschaft und Teilnahme, sodass nicht nur der unmittelbar die Tat ausführende Täter bestraft werden kann. In der Praxis gestaltet sich eine Unterscheidung und Einordnung in die vom Strafrecht geforderte Systematik oft als sehr schwierig.

6.3.4 Tatbegehung durch Handeln und Unterlassen

Eine Straftat kann nicht nur durch aktives Handeln herbeigeführt werden, sondern auch durch Unterlassen **(sog. echtes Unterlassungsdelikt).**

Beispiel hierfür ist der Tatbestand der **Unterlassenen Hilfeleistung.** Hier liegt der Gedanke zugrunde, dass sich Mitmenschen in akuten Notfällen zur Schadensabwehr solidarisch verantwortungsvoll verhalten sollen. Sowohl bei Unglücksfällen als auch bei gemeiner Gefahr ist jede Person verpflichtet, die erforderliche und zumutbare Hilfe zu leisten.

Von dem echten Unterlassungsdelikt wird das sog. **unechte Unterlassungsdelikt** unterschieden. Der Täter ist nur dann strafbar, wenn er rechtlich dafür einzustehen hat, dass der

Tab. 6.1 Arten der Täterschaft und Teilnahme

Täter	Begeht eine Straftat selbst
Mittäter	Mehrere Personen begehen eine Straftat gemeinschaftlich
Anstifter	Abhängig von der Haupttat Wegen Anstiftung wird derjenige bestraft, der vorsätzlich einen anderen zu dessen vorsätzlich begangener rechtswidriger Tat bestimmt hat. Bestimmen bedeutet das Hervorrufen des Tatentschlusses.
Beihilfe	Abhängig von der Haupttat Wegen Beihilfe wird bestraft, wer einem anderen zu dessen vorsätzlich begangener rechtswidriger Tat vorsätzlich Hilfe leistet. Hilfe leistet derjenige, der die Haupttat durch psychische oder physische Unterstützung fördert.
Mittelbarer Täter	Der Täter begeht die Tat durch einen anderen („menschliches Werkzeug")

Erfolg nicht eintritt, und wenn das Unterlassen der Verwirklichung des gesetzlichen Tatbestandes durch Tun entspricht **(Garantenstellung).**

Beispiel für ein unechtes Unterlassungsdelikt

Die Pflegende unterlässt es, einem Patienten ein vom Arzt verordnetes lebensnotwendiges Medikament zu geben. Der Patient stirbt. Die Pflegende wäre aufgrund ihrer Garantenstellung verpflichtet gewesen, das Medikament zu verabreichen. Ihr Verhalten wird so bewertet, als hätte sie den Patienten getötet. Sie ist daher wegen Totschlags durch Unterlassen (§§ 212, 13 StGB) strafbar.

Eine Straftat kann neben aktivem Handeln auch im Unterlassen einer Handlung bestehen.

6.3.5 Anklage und weiteres Verfahren

Bekannt wird eine mögliche Straftat meist durch Anzeige oder indem Behörden oder die Polizei davon Kenntnis erlangen. Letztere hat alle be- und entlastenden Tatsachen zu ermitteln.

Bei einer **Ermittlung** wird zunächst geprüft, ob ein Tatbestand, der im Strafgesetzbuch normiert ist, erfüllt wurde und ob der Täter den Erfolg vorsätzlich oder fahrlässig herbeiführte. Anschließend wird geprüft, ob Rechtfertigungsgründe greifen. Dies sind beispielsweise der rechtfertigende Notstand oder das Vorliegen einer Einwilligung. Dann wird die Schuldfähigkeit geprüft.

Erst nach der Prüfung der Schuldfähigkeit kann es zu einer **Anklage** kommen. Wenn die Verdachtsmomente für eine Straftat ausreichend erscheinen, folgt die Anklageerhebung durch die Staatsanwaltschaft. Dann entscheidet das Gericht über die Eröffnung der **Hauptverhandlung.**

6.3.6 Schuldfähigkeit

Bei der Tatbegehung muss der Täter schuldfähig sein, um bestraft werden zu können. Bei Erwachsenen wird das Vorliegen der Schuldfähigkeit vermutet, insofern keine anderen Anhaltspunkte vorliegen.

Schuldunfähig

- Kinder unter 14 Jahren
- Personen, bei denen die Einsichts- oder Steuerungsfähigkeit nicht gegeben ist (z.B. wegen krankhafter seelischer Störung, tief greifender Bewusstseinsstörung, schwerer seelischer Abartigkeit, starker Alkoholisierung).

Vermindert schuldfähig

Personen, bei denen die Einsichts- oder Steuerungsfähigkeit erheblich gemindert ist.

Tab. 6.2 Beispiel für einen Prüfungsaufbau bei einem vorsätzlich begangenen Delikt

Tatbestandsverwirklichung	*Objektiv* Der Täter muss alle im StGB beschriebenen Merkmale erfüllt haben *Subjektiv* Der Täter muss mit Wissen und Wollen alle objektiven Merkmale erfüllt haben
Rechtswidrigkeit	Rechtfertigungsgründe wie das Vorliegen einer Einwilligung, Notwehr oder Notstand
Schuld	*Schuldfähigkeit* Kann ausgeschlossen sein wegen krankhafter seelischer Störung, tief greifender Bewusstseinsstörung, schwerer seelischer Abartigkeit (§ 20 StGB) *Schuldform* Hier können Irrtümer berücksichtigt werden, denen der Täter unterlag *Unrechtsbewusstsein* Es wird berücksichtigt, wenn dem Täter bei Begehung der Tat die Einsicht fehlt, Unrecht zu tun. Es kommt zu einer Strafmilderung.
Entschuldigungsgründe	Vorliegen beispielsweise eines entschuldigenden Notstandes
Persönliche Strafausschließungs- und Strafaufhebungsgründe	Gründe für eine Strafausschließung oder Strafaufhebung, z.B. Beteiligung an der Vortat in bestimmten Fällen
Strafverfolgungsvoraussetzung	Stellung eines Strafantrags, erforderlich bei Antragsdelikten

Bedingt schuldfähig
Jugendliche, die zur Zeit der Tat 14 Jahre, jedoch noch nicht 18 Jahre alt sind.

Es gilt der Grundsatz: Keine Strafe ohne Schuld.

6.3.7 Strafe

Eine Strafe ist die Ahndung eines Fehlverhaltens. Sie verfolgt sowohl das Ziel, den Täter von weiteren Vergehen abzuhalten und wieder in die Gesellschaft einzugliedern, als auch die Allgemeinheit vor dem Täter zu schützen.

Strafmaß

Das Strafmaß ist abhängig von der Schwere der Tat.

Die Urteilsverkündung erfolgt durch das Gericht. Ist das Urteil rechtskräftig, wird die Strafe vollstreckt. Als Strafen kommen u. a. der **Freiheitsentzug** (mit und ohne Bewährung) und die **Geldstrafe** infrage. Darüber hinaus können, auch bei Schuldunfähigkeit, bestimmte Sanktionen oder Maßregeln verhängt werden (z.B. Unterbringung in einem psychiatrischen Krankenhaus oder einer Entziehungsanstalt, Berufsverbot).

Bedingungen zur Einweisung in ein psychiatrisches Krankenhaus – Unterbringung (§§ 63, 64 StGB)

- Erwiesener Zustand der Schuldunfähigkeit bzw. verminderten Schuldfähigkeit
- Gefahr, dass der Zustand des Täters weitere erhebliche rechtswidrige Taten erwarten lässt und er somit für die Allgemeinheit gefährlich ist.

6.3.8 Rechtsmittel

Gegen ein Urteil kann meist ein Rechtsmittel eingelegt werden (Grund: Rechtsstaatsprinzip). Bei der **Berufung** wird das Urteil in tatsächlicher und rechtlicher Hinsicht neu geprüft. Bei einer **Revision** wird dagegen nur die korrekte Anwendung des Rechts geprüft.

6.4 Strafrecht und Pflege

Es gibt Straftatbestände, mit denen Pflegende aufgrund ihrer beruflichen Tätigkeit in Kontakt kommen können.

6.4.1 Verletzung von Privatgeheimnissen (§ 203 StGB)

Unter dem Tatbestand der Verletzung von Privatgeheimnissen **(Schweigepflicht)** ist die ethische und rechtliche Pflicht Angehöriger bestimmter im Gesetz genannter Berufsgruppen, über alles Stillschweigen zu bewahren, was bei der Ausübung des Berufes bekannt wird **(Berufsgeheimnis).**

Berufsgruppen mit Schweigepflicht
- Pflegende sowie Pflegeschüler
- Ärzte, Zahnärzte und Tierärzte
- Apotheker
- Psychologen.

Angaben, die unter Schweigepflicht fallen
- Name des Patienten
- Krankheit (Diagnose, Daten, Verlauf)
- Dinge aus dem privaten Lebensbereich.

Zum Informationsaustausch berechtigte Personen u. a.
- Pflegende, Pflegeschüler zu dienstlichen Zwecken
- Behandelnde Ärzte
- Andere Personen, die an der Genesung des Patienten mitwirken und der Schweigepflicht unterliegen.

Entbindung von der Schweigepflicht
- Nach Einwilligung durch den geschäftsfähigen Patienten
- Bei gesetzlicher Verpflichtung zur Meldung von bestimmten Krankheiten
- Wenn das Allgemeininteresse (z.B. das Leben anderer) über dem des Patienten einzustufen ist (Rechtsgüterabwägung, z.B. bei Planung einer kriminellen Handlung mit Todesfolge)
- Ärzte, die von einem Gericht als Sachverständige berufen werden
- Bei Mitteilungen an die kassenärztlichen Vereinigungen und die Sozialleistungsträger.

In bestimmten Situationen gibt es eine Meldepflicht durch Personen oder Institutionen, die eine Mitteilung an dafür vorgesehene Stellen erfordern:
- Bei übertragbaren Krankheiten (Infektionsschutzgesetz)
- Bei Geburt und Tod.

Ende der Schweigepflicht
Die Schweigepflicht geht über den Tod hinaus.

Strafandrohung
Bei Verstoß Freiheitsstrafe bis zu einem Jahr oder Geldstrafe.

Die Schweigepflicht endet nicht mit dem Tod eines Patienten.

6.4.2 Verlassen in hilfloser Lage – Aussetzung (§ 221 StGB)

Der Tatbestand des „Aussetzens“ ist durch unterschiedliche Tathandlungen möglich, z.B. wenn ein Mensch einen anderen Menschen in eine hilflose Lage versetzt oder in einer hilflosen Lage im Stich lässt, obwohl er ihn in seiner Obhut hat oder ihm sonst beizustehen verpflichtet ist, und ihn dadurch der Gefahr des Todes oder einer schweren Gesundheitsschädigung aussetzt.

Hilflose Personen sind insbesondere
- Säuglinge und Jugendliche
- Gebrechliche
- Kranke und Betrunkene.

Strafandrohung
- Freiheitsstrafe von drei Monaten bis zu fünf Jahren
- Wird der Tod des Opfers durch die Tathandlung des Täters verursacht, so liegt die Freiheitsstrafe nicht unter drei Jahren.

6.4.3 Unterlassene Hilfeleistung (§ 323c StGB)

Grundsätzlich muss jede Person sofort und auf die wirksamste Weise Hilfe leisten. Unter Umständen kann auch die Benachrichtigung einer zur Hilfe besser geeigneten Person oder der Polizei bzw. Feuerwehr genügen.

Strafandrohung
Freiheitsstrafe bis zu einem Jahr oder Geldstrafe.

6.4.4 Körperverletzung (§ 223 StGB), fahrlässige Körperverletzung (§§ 229 StGB)

Körperverletzung begeht, wer eine andere Person körperlich misshandelt oder an der Gesundheit schädigt. Sie ist sowohl als vorsätzliche als auch fahrlässige Körperverletzung strafbar. Ebenfalls gibt es Straftatbestände, die einen weiteren Erfolg voraussetzen (Schwere Kör-

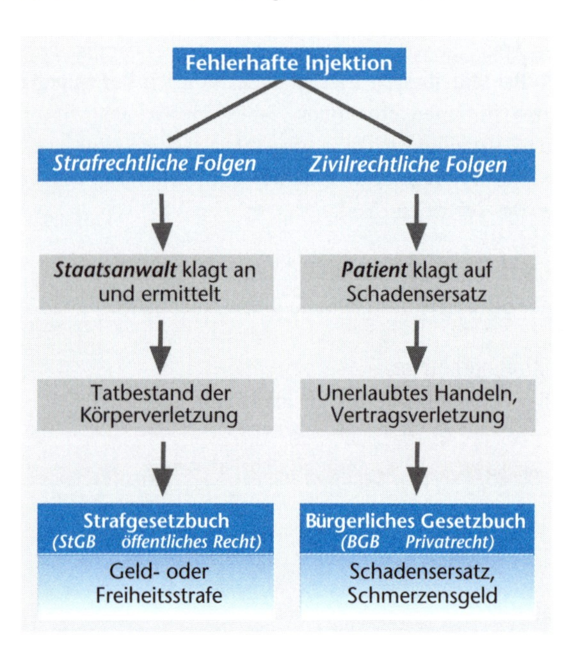

Abb. 6.3 Beispiel der straf- und zivilrechtlichen Folgen einer fehlerhaften Injektion.

perverletzung § 226, Körperverletzung mit Todesfolge § 227 StGB) oder mit speziellen Tatmitteln begangen werden (Gefährliche Körperverletzung § 224 StGB). Wenn der Täter die Körperverletzung mittels eines gefährlichen Werkzeuges begeht (z.B. Injektionsnadel, Skalpell), so kommt eine gefährliche Körperverletzung in Betracht.

Strafandrohung

- Körperverletzung § 223 StGB: Freiheitsstrafe bis zu fünf Jahren oder Geldstrafe
- Körperverletzung mit Todesfolge § 227 StGB: Freiheitsstrafe nicht unter fünf Jahren
- Gefährliche Körperverletzung § 224 StGB: Freiheitsstrafe von sechs Monaten bis zu fünf Jahren
- Fahrlässige Körperverletzung § 229 StGB: Freiheitsstrafe bis zu drei Jahren oder Geldstrafe.

6.4.5 Misshandlung von Schutzbefohlenen (§ 225 StGB)

Dieser Tatbestand normiert, dass ein Täter bestraft werden kann, der eine Person, die seiner Fürsorge oder Obhut untersteht, quält oder roh misshandelt. Personen, die der Fürsorge oder Obhut unterstehen können, sind z.B.:

- Jugendliche unter 18 Jahren
- Menschen, die wegen Gebrechlichkeit oder Krankheit wehrlos sind.

Im Gesetz sind weitere Alternativen und Qualifikationen normiert.

Strafandrohung

Freiheitsstrafe von sechs Monaten bis zu zehn Jahren.

6.4.6 Tötung auf Verlangen (§ 216 StGB)

Der Tatbestand ist erfüllt, wenn der Täter durch das ausdrückliche und ernstliche Verlangen des Getöteten zur Tötung bestimmt worden ist.

Strafandrohung

Freiheitsstrafe von sechs Monaten bis zu fünf Jahren.

Der Freitod und die Beihilfe hierzu sind in Deutschland nicht strafbar. In den Bereichen der Sterbehilfe kann dies in der Praxis zu schwierigen Abgrenzungsfragen führen.

6.4.7 Freiheitsberaubung (§ 239 StGB)

Dieser Tatbestand ist erfüllt, wenn der Täter einen Menschen gegen oder ohne seinen Willen einsperrt oder auf andere Weise der Freiheit beraubt. Schutzgut ist die potenzielle Fortbewegungsfreiheit des Menschen, auch wenn er schläft oder bewusstlos ist. Dies trifft nicht auf Kleinstkinder zu, da in dem ersten Lebensjahr noch die Fähigkeit zur willkürlichen Veränderung des Aufenthaltsortes und der hinreichenden Willensäußerung fehlt.

Vollendet ist die Tat mit dem Eintritt des Freiheitsverlustes, beendet ist sie erst mit der Aufhebung der Freiheitsentziehung.

Festhalten: Anbinden als Fixierung oder das Anbringen eines Bettgitters erfüllen den Straftatbestand.

Aus Gründen der Rechtssicherheit ist eine **richterliche Genehmigung** zur Vermeidung einer Strafbarkeit unverzüglich einzuholen und eine genaue Dokumentation zu führen.

Als Rechtfertigungsgründe kommen in Betracht:

- Rechtfertigende Notstand (Voraussetzung: Vorliegen einer Gefahr für das Leben des Patienten)
- Notwehr (Voraussetzung: Vorliegen einer Gefahr für Leib und Leben der Pflegeperson).

Strafandrohung
Freiheitsstrafe bis zu fünf Jahren oder Geldstrafe.

6.4.8 Schwangerschaftsabbruch (§§ 218 ff StGB)

Im rechtstechnischen Sinn beginnt die Schwangerschaft mit der Einnistung (Nidation) des befruchteten Eies in die Gebärmutterschleimhaut und endet mit dem Beginn der Presswehen.

Der Schwangerschaftsabbruch ist grundsätzlich ein Straftatbestand, wobei zwischen nicht rechtswidrigem und rechtswidrigem Schwangerschaftsabbruch unterschieden wird.

Nicht rechtswidriger Schwangerschaftsabbruch

Ein Schwangerschaftsabbruch ist nicht rechtswidrig und damit erlaubt unter folgenden Voraussetzungen:
- Derart schwerwiegende körperliche oder seelische Erkrankung der Schwangeren, dass nur durch den Abbruch eine akute Gefahr für das Leben der Schwangeren abgewendet werden kann (z.B. internistische oder psychiatrische Erkrankungen, schwere Infektionen) → Abbruch jederzeit möglich
- Schwangerschaft nach sexuellem Missbrauch (Vergewaltigung) → Abbruch nur bis zur 12. Woche möglich.

Rechtswidriger, aber straffreier Schwangerschaftsabbruch

Alle übrigen Schwangerschaftsabbrüche sind rechtswidrig. Sie bleiben aber **straffrei** unter folgenden Voraussetzungen:
- Der Abbruch wird von einem Arzt vorgenommen
- Die Schwangere möchte den Abbruch und lässt sich mindestens drei Tage vor dem Eingriff beraten, wobei die Beratung „ergebnisoffen" geführt werden soll
- Es sind nicht mehr als zwölf Wochen seit der Empfängnis vergangen.

6.4.9 Betrug (§ 263 StGB)

Eine Täuschung, die den Getäuschten dazu veranlasst, so über sein Vermögen oder das eines Dritten zu verfügen, dass ein Vermögensschaden eintritt.

Dieser Tatbestand kann gegeben sein, wenn Leistungen per Handzeichen als erbrachte Leistung dokumentiert wurden, daraufhin eine Rechung geschrieben und bezahlt wird oder die Kranken- oder Pflegekasse die Rechung zahlt, die Leistung jedoch nicht erbracht wurde.

Das Strafmaß liegt bei Freiheitsstrafe von einem Jahr bis zu zehn Jahren.

6.4.10 Rechtfertigende Einwilligung und mutmaßliche Einwilligung

Wer einen Tatbestand verwirklicht, kann gerechtfertigt sein. Alle Eingriffe in die körperliche Unversehrtheit verwirklichen einen Straftatbestand. Es müssen Rechtfertigungsgründe greifen, damit eine Strafbarkeit nicht gegeben ist. Sowohl die **rechtfertigende** als auch die **mutmaßliche** Einwilligung sind Rechtfertigungsgründe im Sinne des Strafrechts.

Die wichtigsten Voraussetzungen für die Einwilligung sind:
- Die Person, die die Einwilligung gibt, muss einwilligungsfähig sein: nach seiner geistigen und sittlichen Reife imstande, Bedeutung und Tragweite des Verzichts auf ein Rechtsgut, wie z.B. die körperliche Unversehrtheit, zu erkennen und sachgerecht zu beurteilen. Ein bestimmtes Alter ist dafür nicht erforderlich. Mangelt es an der Einsichtsfähigkeit, so bedarf es der Zustimmung des gesetzlichen Vertreters oder gerichtlich eingesetzten Betreuers.
- Die Einwilligung muss vor dem Eingriff, also der Tat, ausdrücklich erklärt oder durch schlüssiges Handeln zum Ausdruck gebracht worden sein. Aus Beweisgründen sollte sie schriftlich vorliegen.

Damit eine Person wirksam einwilligen kann, muss sie umfassend vorher aufgeklärt worden sein. Abgestimmt auf die Person, die einzuwilligen hat, ist insbesondere über folgende Punkte aufzuklären:
- Notwendigkeit (Indikation)
- Folgen der Operation bzw. Behandlung
- Typische, relevante Risiken
- Mögliche Komplikationen
- Alternativen zu der beabsichtigten Behandlung/Operation.

Wird eine rechtswirksame Einwilligung nicht gegeben, ist die Tat nicht gerechtfertigt und kann bestraft werden.

Ausnahmen
- Anordnungen des zuständigen Gerichtes, wenn die Erziehungsberechtigten bei notwendigen medizinischen Eingriffen an Minderjährigen ihre Einwilligung verweigern und der Minderjährige selbst noch nicht einwilligungsfähig ist
- Anordnung durch ein Gesetz.

Rücknahme der Einwilligung

Derjenige, der berechtigt ist, die Einwilligung zu geben, kann sie jederzeit vor der Erfüllung des Straftatbestandes ohne Angabe von Gründen wieder zurücknehmen.

Mutmaßliche Einwilligung

Eine mutmaßliche Einwilligung ist gegeben, wenn das Interesse des Betroffenen dafür spricht, dass ihm geholfen wird, wenn er seinen eigenen Willen nicht äußern kann.

Beispiele
- Bewusstloser Mensch
- Suizidversuch
- Unvorhergesehene, notwendige Änderungen während einer Operation.

Der Eingriff ohne vorherige Aufklärung setzt voraus, den sog. „mutmaßlichen Willen“ des Betroffenen zu erforschen. Das bedeutet, es ist zu erfragen, ob dieser den Eingriff gewollt hätte, wenn er zu entscheiden gehabt hätte. Hierbei ist sorgsam die Interessenlage des Betroffenen zu prüfen, persönliche Einstellungen des Betroffenen – soweit bekannt – sind zu respektieren und dabei ist die Überzeugung zu gewinnen, dass das Tätigwerden dem mutmaßlichen Willen des Betroffenen entspricht. Liegen diese Voraussetzungen vor, so ist ein Rechtfertigungsgrund gegeben und somit die Tat nicht strafbar.

Ein Eingriff in die körperliche Unversehrtheit eines Menschen erfüllt den Tatbestand der Körperverletzung. Er ist dann gerechtfertigt, wenn eine rechtswirksame Einwilligung vorliegt.

6.4.11 Sterbehilfe

Man unterscheidet verschiedene Formen der Sterbehilfe.

Indirekte Sterbehilfe

Die Verabreichung von starken Medikamenten, die als unerwünschte Nebenwirkung eine Lebensverkürzung zur Folge haben können, wird als „indirekte Sterbehilfe“ bezeichnet. Sie bleibt regelmäßig **straffrei.**

Aktive Sterbehilfe

Die gezielte Lebensverkürzung durch aktives Tun wird „aktive Sterbehilfe“ genannt. Sie liegt z.B. dann vor, wenn z.B. gezielt eine tödliche Injektion verabreicht wird.

Aktive Sterbehilfe ist strafbar.

Passive Sterbehilfe

Wird eine lebensnotwendige Behandlung abgebrochen bzw. auf eine lebensnotwendige Behandlung verzichtet, so handelt es sich um „passive Sterbehilfe“. Typische Beispiele sind das Abschalten einer Beatmungsmaschine, der Verzicht auf Reanimation oder eine weitergehende Therapie.
Passive Sterbehilfe wird unter folgenden Voraussetzungen als zulässig angesehen:

- Der Behandlungsabbruch bzw. die Unterlassung lebensverlängernder Maßnahmen wird von dem Betroffenen gewünscht oder ist aus seiner gültigen Patientenverfügung ersichtlich
- Der Betroffene muss einsichtsfähig sein oder es muss der mutmaßliche Wille verlässlich feststehen
- Die Tathandlung erfolgt zur Abwendung unzumutbarer Leiden oder Schmerzen
- Die Prognose ist aussichtslos.

Die Sterbehilfe wirft vielfältige juristische Probleme auf und ist rechtlich umstritten.

6.4.12 Organentnahme zur Transplantation

Die Organentnahme zur Transplantation war lange Zeit nicht gesetzlich geregelt. Das **Transplantationsgesetz** trifft ausdrückliche Regelungen und schafft damit Rechtssicherheit.

Organentnahme bei Lebenden

Die Organentnahme bei Lebenden ist unter folgenden Voraussetzungen zulässig:

- Ausdrückliche und persönliche Einwilligung des einwilligungsfähigen Spenders – eine Einwilligung von Kindern und/oder geistig Behinderten ist nicht rechtswirksam
- Die Übertragung des Organs muss geeignet sein, das Leben des Empfängers zu erhalten oder bei ihm eine schwerwiegende Krankheit zu heilen, ihre Verschlimmerung zu verhüten oder ihre Beschwerden zu lindern
- Ein geeignetes Organ eines toten Spenders steht nicht zur Verfügung
- Das Organ darf nur auf Verwandte ersten oder zweiten Grades, Ehegatten, Verlobte oder andere dem Spender nahe stehenden Personen übertragen werden.

Organentnahme von Verstorbenen

Hier unterscheidet man die Organentnahme bei Einwilligung des Spenders zu Lebzeiten (Spenderausweis wird grundsätzlich als Indiz zur Bestimmung des mutmaßlichen Willens gesehen) und die Organentnahme bei Zustimmung von Angehörigen.

Voraussetzungen zur Organentnahme mit Einwilligung des Spenders
- Einwilligung des Organspenders in die Entnahme
- Feststellung des Todes des Organspenders nach Regeln, die dem Stand der Erkenntnis der medizinischen Wissenschaft entsprechen.

Unzulässigkeit der Entnahme von Organen
- Wenn die Person, deren Tod festgestellt ist, der Organentnahme widersprochen hat
- Wenn nicht vor der Entnahme beim Organspender der endgültige Hirntod nach dem Stand der Erkenntnisse der medizinischen Wissenschaft festgestellt worden ist.

Organentnahme mit Zustimmung anderer Personen
Liegt dem Arzt, der die Organentnahme vornehmen soll, weder eine schriftliche Einwilligung noch ein schriftlicher Widerspruch des möglichen Organspenders vor, ist dessen nächster Angehöriger zu befragen, ob ihm von diesem eine Erklärung zur Organspende bekannt ist.

Der Handel mit Organen ist in Deutschland verboten.

6.4.13 Obduktionen/Sektionen

Unter Obduktion/Sektion versteht man die Öffnung einer Leiche zur Feststellung der Todesursache. Normalerweise muss die Einwilligung des Verstorbenen bzw. seiner Angehörigen vorliegen. Lediglich unter bestimmten Voraussetzungen ist eine Obduktion auch ohne Einwilligung der Angehörigen (bzw. des Verstorbenen zu Lebzeiten) erlaubt.

Obduktion erlaubt ohne Einwilligung
- Bei Verdacht des nicht natürlichen Todes (z.B. Verbrechen) auf dem Totenschein → gerichtliche Obduktion
- Wenn gesetzliche Regelungen dies gebieten.

Obduktion nur erlaubt mit Einwilligung
- Bei Frage nach Zusammenhang zwischen Unfall und Tod (z.B. für eine Versicherungsgesellschaft) → Versicherungsobduktion (z.B. durch Berufsgenossenschaft gewünscht)
- Bei Frage nach Todesursache und Wirksamkeit von Diagnose und Therapie aus medizinischem Interesse, auch zur Qualitätskontrolle → klinische Obduktion

6.4.14 Gentechnik

Die Gentechnik bietet erhebliche Chancen, birgt aber auch Risiken. Gerade bei der Herstellung von Medikamenten (z.B. Insulin) oder der Behandlung bösartiger Krankheiten bietet die Gentechnik Ansatzpunkte. Die rechtliche Problematik ist im **Gentechnikgesetz** und auch teilweise im **Embryonenschutzgesetz** normiert.

6.4.15 Datenschutz

Das **Bundesdatenschutzgesetz** sowie die **Landesdatenschutzgesetze** finden auch in den Krankenhäusern Anwendung. Personenbezogene Daten dürfen nicht an unbeteiligte Dritte weitergegeben werden.

6.5 Rechtliche Empfehlungen im Pflegebereich

Eine gesetzliche Regelung, unter welchen Umständen eine Berufsgruppe Injektionen, Venenpunktionen und andere Tätigkeiten durchführen oder an eine andere Berufsgruppe delegieren darf, gibt es nicht, jedoch viele Gerichtsurteile zu dieser Thematik. Demzufolge können hier lediglich **Empfehlungen** gegeben werden.

6.5.1 Injektionen, Infusionen, Transfusionen und Blutentnahmen

Injektionen, Infusionen, Transfusionen und Blutentnahmen gehören in erster Linie zum Aufgaben- und Verantwortungsbereich der ärztlichen Berufsgruppe.

Im Rahmen der ärztlich angeordneten Maßnahmen zur Diagnostik und Therapie ist aber eine **Delegation** von Injektionen und Blutentnahmen möglich, wenn dazu die Einwilligung des Patienten und der Pflegenden vorliegt.

Grundsätzlich sollte die Anordnung von Injektionen schriftlich und nur an adäquat ausgebildete Pflegende erfolgen, die für die jeweilige Aufgabe qualifizierte Kenntnisse und Fähigkeiten nachweisen können.

Die **Durchführungsverantwortung** liegt dann bei der Pflegekraft, die deshalb auch eine persönlich nicht zu verantwortende Maßnahme ohne arbeitsrechtliche Konsequenzen ablehnen kann.

Die Durchführungsverantwortung bei Injektionen liegt bei der ausführenden Pflegekraft.

Intramuskuläre und subkutane Injektionen

Intramuskuläre (i.m.) und subkutane (s.c.) Injektionen gehören in der Regel zum Tätigkeitsbereich der Pflegenden. Nach schriftlicher, ärztlicher Anordnung mit Patientenname, Art und Dosis des Medikamentes und Zeitpunkt der Verabreichung kann die Injektion erfolgen. Zu den Berufspflichten gehört es auch, sich über die Wirkungen und Nebenwirkungen des Medikaments zu informieren.

Intramuskuläre (i.m.) und subkutane (s.c.) Injektionen gehören nach Delegation durch den zuständigen Arzt zum Tätigkeitsbereich der Pflegekräfte.

Intravenöse Injektionen

Intravenöse (i.v.) Injektionen sind grundsätzlich ärztliche Tätigkeiten. Lediglich in Notfällen oder bei entsprechender Weiterbildung (z.B. im Bereich der Anästhesie- und Intensivmedizin) sind diese Injektionen durch Pflegekräfte durch wirksame Delegation möglich.

Intravenöse Injektionen sind grundsätzlich eine ärztliche Tätigkeit und dürfen nur in Ausnahmefällen oder bei entsprechender Ausbildung an die Pflegekraft delegiert werden.

Infusionen

Das Anlegen einer Infusion mit Venenpunktion ist grundsätzlich eine ärztliche Tätigkeit.

Bei bereits liegendem Zugang darf eine Pflegekraft Infusionen nach ärztlicher Anordnung wechseln. Falls zusätzliche Medikamente in die zu wechselnde Flasche gegeben werden, hat der Arzt dies zuvor schriftlich anzuordnen. Die zugegebenen Medikamente sind auf der Infusion zu vermerken.

Injektionen in den Infusionsschlauch sind i.v.-Injektionen gleichzusetzen.

Einspritzen in implantierte und sonstige liegende Kathetersysteme

Hierunter fallen herznah liegende Venenkatheter (ZVK), arterielle, peridurale, im Ventrikelsystem liegende oder in anderen Körperhöhlen befindliche Katheter. Es ist alleinige Aufgabe des Arztes, in diese Katheter Medikamente einzuspritzen, es sei denn, es liegt die Fachkenntnis der Pflegeperson und eine wirksame Delegation vor.

Transfusionen

Bluttransfusionen sind grundsätzlich vom Arzt vorzunehmen, es sei denn, es liegt die Fachkenntnis der Pflegekraft und eine wirksame Delegation vor.

Venöse Blutentnahme

Die venöse Blutentnahme ist ein ärztlicher Eingriff. Sie darf von der Pflegekraft durchgeführt werden, wenn sie in der Punktionstechnik geübt ist und über die entsprechenden Kenntnisse verfügt.

> Die venöse Blutentnahme ist ein ärztlicher Eingriff, darf aber bei entsprechender Ausbildung von einer Pflegekraft durchgeführt werden.

Weiterbildung

Gesundheits- und Krankenpflegern ist es unter folgenden Bedingungen erlaubt, i.v.-Injektionen durchzuführen oder Infusionen anzulegen:

- Mit Zusatzausbildung in der Anästhesie und Intensivpflege (inkl. Prüfung)
- Nach ärztlicher Anordnung
- Während Tätigkeit in der Anästhesie, im OP oder auf der Intensivstation.

6.6 Zivilrecht in der Krankenpflege

Das Zivilrecht (Privatrecht, bürgerliches Recht) regelt die Rechtsbeziehungen der Bürger untereinander (z.B. Zustandekommen von Verträgen, Werk- oder Dienstvertrag, Eigentumserwerb, Ehe und Scheidung usw.). Maßgebend für das Zivilrecht ist das **Bürgerliche Gesetzbuch** (BGB), das wie das Strafgesetzbuch (StGB) in Paragraphen unterteilt ist.

6.6.1 Rechts- und Geschäftsfähigkeit

Rechts- und Geschäftsfähigkeit sind Grundbegriffe unserer Rechtsordnung.

Rechtsfähigkeit

Rechtsfähigkeit: Eine Person ist Träger von Rechten und Pflichten. Die Rechtsfähigkeit beginnt mit der Geburt und endet mit dem Tod (§1 BGB).

Geschäftsfähigkeit

Geschäftsfähigkeit: Die Fähigkeit, wirksam Rechtsgeschäfte abschließen zu können. Dazu zählen auch die Fähigkeit zum Abschluss von rechtsgültigen Verträgen sowie die Verpflichtung zu Leistungen. Die Geschäftsfähigkeit wird in drei Stufen unterteilt:

- Uneingeschränkte Geschäftsfähigkeit: tritt mit Vollendung des 18. Lebensjahres ein
- Beschränkte Geschäftsfähigkeit: zwischen Vollendung des siebten und 18. Lebensjahres
- Geschäftsunfähigkeit: vor Vollendung des siebten Lebensjahres oder im Zustand einer nicht nur vorübergehenden krankhaften Störung der Geistestätigkeit.

Der Geschäftsunfähige kann keine wirksamen Rechtsgeschäfte vornehmen, z.B. Verträge schließen.

6.6.2 Deliktfähigkeit

Deliktfähigkeit ist die Fähigkeit, für unerlaubte Handlungen im privatrechtlichen Bereich verantwortlich gemacht zu werden:

- Volle Deliktfähigkeit: ab 18 Jahren
- Bedingte Deliktfähigkeit: Minderjährige zwischen sieben und 18 Jahren (falls ihnen die notwendige Einsicht, das Ausmaß eines Schadens vorauszusehen, unterstellt werden kann)
- Deliktunfähigkeit: Kinder unter sieben Jahren (Kinder unter zehn Jahren bei fahrlässig herbeigeführten Unfällen mit einem Kraftfahrzeug oder Schienenbahnen) oder Personen im Zustand einer nicht nur vorübergehenden krankhaften Störung der Geistestätigkeit.

6.6.3 Rechtliche Grundlage der Krankenhausbehandlung

Durch die Aufnahme in ein Krankenhaus ergeben sich bestimmte Besonderheiten, die für die rechtliche Wertung von Bedeutung sind.

Behandlungsvertrag

Ein Behandlungsvertrag wird bei der Aufnahme des Patienten ins Krankenhaus oder auch beim Besuch einer Arztpraxis zwischen dem Patienten selbst oder seinem legitimierten Vertreter und dem behandelnden Arzt abgeschlossen. Es handelt sich dabei um einen so genannten **Dienstvertrag,** bei dem zwar eine ordnungsgemäße Behandlung durchgeführt werden muss, aber kein Anspruch auf Erfolg (Heilung) besteht. Im Gegensatz dazu wird bei einem **Werkvertrag** der Erfolg (das Werk) geschuldet.

Bei einem Dienstvertrag besteht der Anspruch auf die Dienstleistung.

Krankenhausvertrag

Beim Krankenhausvertrag besteht ein Vertrag zwischen dem Krankenhausträger und dem Patienten, ggfs. vertreten durch den gesetzlichen Vertreter oder Betreuer. In diesem Vertrag sind Unterkunft, Verpflegung und Pflege festgehalten.

Tab. 6.3 Rechte und Pflichten des Menschen in verschiedenen Altersstufen (Beispiele)

Lebensabschnitt	Rechte/Pflichten
Geburt	Rechtsfähigkeit (Name, Staatsangehörigkeit)
6. Lebensjahr	Schulpflicht
7. Lebensjahr	Beschränkte Geschäftsfähigkeit
14. Lebensjahr	Bedingte Strafmündigkeit; Recht auf freie Wahl der Religionszugehörigkeit
16. Lebensjahr	Eidesfähigkeit, beschränkte Testier- und Ehemündigkeit, Ausweispflicht
18. Lebensjahr	Strafmündigkeit, aktives und passives Wahlrecht, Ehemündigkeit, volle Deliktfähigkeit
21. Lebensjahr	Volle Strafmündigkeit
40. Lebensjahr	Wählbarkeit zum Bundespräsidenten

Gespaltener Krankenhausvertrag

Beim gespaltenen Arzt-Krankenhaus-Vertrag besteht nicht nur ein Vertrag zwischen dem Krankenhausträger und dem Patienten, sondern auch zwischen einem Belegarzt und dem Patienten. Der Belegarzt ist hierbei nicht im Krankenhaus angestellt. Das Krankenhaus ist nur zuständig für Pflege, Unterkunft und Verpflegung, der jeweilige Arzt sorgt für die Behandlung.

Im Streitfall haftet jeweils der Krankenhausträger oder der Belegarzt für seine Leistungen getrennt.

Privat- und Kassenpatienten

Privatpatienten sind im Gegensatz zu gesetzlich versicherten Patienten nicht in einer gesetzlichen Krankenkasse versichert. Sie schließen ihren Behandlungsvertrag selbst mit dem Arzt und der entsprechenden Klinik ab. Die Klinik bzw. der behandelnde Arzt stellen dann ihre Leistungen dem Patienten **direkt** in Rechnung, die dieser – je nach vertraglicher Vereinbarung zwischen Patienten und Privatkasse – bei seiner Privatkasse geltend machen kann.

Die Vergütung von Leistungen bei gesetzlich versicherten Patienten wird von der jeweiligen Kasse mit den Ärzten bzw. Krankenhäusern direkt geregelt. Die gesetzlich vorgegebenen Zuzahlungen oder privat vereinbarte Zusatzleistungen sind vom Patienten zu zahlen.

Dokumentationspflicht

Es gelten folgende Grundsätze:

Die Dokumentationspflicht ist eine Nebenpflicht aus dem Pflege-/Behandlungsvertrag. Der Pflegebedürftige/Patient hat einen vertraglich begründeten Anspruch auf Information über den Pflege-/Behandlungsverlauf.

- Der behandelnde Arzt nimmt im Rahmen des Krankenhausvertrages die Dokumentationspflicht für den Krankenhausträger wahr, denn dieser ist Vertragspartner des Patienten.
- Die Dokumentationspflicht gilt auch für pflegerische Tätigkeiten.
- Die fehlende Dokumentation wird als Indiz für mangelhafte Pflege angesehen. Wenn z.B. eine Maßnahme nicht dokumentiert wird, wird vermutet, dass sie nicht durchgeführt wurde. Folge kann ein strafrechtliches Verfahren sein mit dem Vorwurf des Betrugs (§ 263 StGB).
- Aus den gemeinsamen Grundsätzen zur Qualitätssicherung im ambulanten und stationären Bereich ergibt sich, dass eine fachgerechte Pflegedokumentation zu führen ist (➢ Kap. 3.11).

6.6.4 Betreuungsrecht

Am 01.01.1992 ist das Betreuungsrecht in Kraft getreten und hat damit die Entmündigung und Gebrechlichkeitspflegschaft abgelöst. Es soll die Betroffenen besser schützen, z.B. durch die Verpflichtung zur regelmäßigen Überprüfung der getroffenen Entscheidungen.

Betreuung

Eine Betreuung wird angeordnet, wenn der betreffende Volljährige seine Angelegenheiten aufgrund einer psychischen Erkrankung, geistigen oder seelischen Behinderung, körperlichen Erkrankung ganz oder teilweise nicht mehr besorgen kann. Den Betreuer (z.B. einen Einzelbetreuer) bestellt das **Vormundschaftsgericht.**

Der Betreuer erhält je nach Fähigkeit des Betreuten die Befugnis, nur bestimmte Angelegenheiten (z.B. Gesundheit, Vermögenssorge) oder alle Angelegenheiten zu regeln. Bei der Auswahl des Betreuers sind die Wünsche des Betreuten zu berücksichtigen. Der Wunsch des Betreuten kann in einer sog. **Betreuungsverfügung** enthalten sein, in der festgehalten wird, dass eine bestimmte Person im Betreuungsfall zum Betreuer bestimmt werden soll.

Voraussetzungen zur Anordnung einer Betreuung
- Volljährigkeit des Betroffenen
- Unfähigkeit des Betroffenen, seine Angelegenheiten zu besorgen.

Eine Einwilligung des Betroffenen zur Betreuung ist nicht notwendig. Nach spätestens fünf Jahren muss die Entscheidung des Vormundschaftsgerichtes geprüft werden, evtl. mit:
- Persönlicher Anhörung des Betroffenen
- Einholung eines Sachverständigengutachtens
- Anhörung des Betreuers.

6.6.5 Schadensersatzrecht

Derjenige, der schuldhaft einen Vertrag (z.B. Behandlungsvertrag) nicht oder nicht ordnungsgemäß erfüllt, muss dem Geschädigten den dadurch entstandenen Schaden ersetzen.

Das Krankenhauspersonal ist als sog. **Erfüllungsgehilfe** des Krankenhauses für entstehende Schäden abgesichert (sog. Ersatzpflicht des Arbeitgebers, § 278 BGB). Trotzdem besteht bei einer vorsätzlichen oder fahrlässigen widerrechtlichen unerlaubten Handlung eine direkte Haftung des Personals (§ 823 BGB).

6.6.6 Erbrecht

Das Erbrecht regelt den Übergang des Vermögens (Erbe) auf die hinterbliebenen Personen. Der Verstorbene wird im Gesetz als Erblasser bezeichnet. Man unterscheidet eine:
- Gesetzliche Erbfolge: gilt, wenn der Erblasser selbst nichts bestimmt hat
- Gewillkürte Erbfolge: der Erblasser selbst bestimmt, wer Erbe sein soll.

Die gesetzliche Erbfolge kommt nur zum Tragen, wenn kein gültiges Testament vorliegt.

Gesetzliche Erbfolge

Gesetzliche Erbfolge: es liegt kein Testament vor – das Gesetz bestimmt die Erben:
- Erben erster Ordnung: direkte Nachkommen des Erblassers (Kinder, Enkel)
- Erben zweiter Ordnung: Eltern des Erblassers und deren Nachkommen (Geschwister des Erblassers)
- Erben dritter Ordnung: Großeltern des Erblassers und deren Nachkommen (Onkel, Tanten des Erblassers).

Der Ehepartner nimmt in der gesetzlichen Erbfolge eine Sonderstellung ein. Hierbei ist entscheidend, in welchem Güterstand die Ehegatten zum Todeszeitpunkt gelebt hatten. Der gesetzliche Güterstand ist die sog. **Zugewinngemeinschaft,** die automatisch gilt, wenn nichts anderes vereinbart wurde. Eine **Gütertrennung** oder **Gütergemeinschaft** muss dagegen ausdrücklich vereinbart werden.

Besondere Bestimmungen
- Das Vorhandensein von Erben einer Ordnung schließt Erben der nachfolgenden Ordnungen aus
- Ehepartner erben neben Erben der erster Ordnung ¼ und neben Erben der zweiter Ordnung zu ½
- In Zugewinngemeinschaft lebende Ehepartner erben neben Erben der ersten Ordnung zu ½ und neben Erben der zweiten Ordnung zu ¾.

Gewillkürte Erbfolge

Die gewünschte Erbfolge wird in einem Testament festgelegt:
- Ordentliches Testament (öffentliches Testament vor einem Notar oder eigenhändig handschriftliches, unterschriebenes Testament)
- Nottestament (bei naher Todesgefahr oder in unzugänglichen Gebieten).

Nahe Angehörige haben in jedem Fall Anspruch auf einen **Pflichtteil** des Erbes. Er beträgt die Hälfte des Wertes des gesetzlichen Erbteils.

Testierfähigkeit und Nottestament

Unter Testierfähigkeit versteht man die Fähigkeit einer Person, ein Testament zu Lebzeiten im Vollbesitz seiner geistigen Kräfte oder in einem lichten Moment aufzusetzen.

Das Nottestament bleibt den seltenen Fällen, in denen der Tod kurz bevorsteht, vorbehalten.

Ein Testament darf errichten
- Jeder, der das 16. Lebensjahr vollendet hat (nur notarielles Testament)
- Jeder, der nicht an einer Geistesschwäche, Bewusstseinsstörungen oder Geisteskrankheit leidet, die es ihm unmöglich macht, die Bedeutung der Willenserklärung einzusehen
- Volljährige (eigenhändiges oder notarielles Testament), sofern sie im Besitz ihrer geistigen Kräfte sind.

Bei akuter Gefahr für das Leben des Erblassers, und wenn ein Notar/Bürgermeister nicht erreichbar ist, kann ein Nottestament errichtet werden.

Inhalte des Nottestaments
- Der letzte Wille
- Namen dreier Zeugen (dürfen nicht selbst als Erben bedacht werden)
- Ort und Tag sowie Unterschriften der Zeugen, die nicht mit dem Erblasser verwandt oder verschwägert sein dürfen
- Ausweispflicht des Erblassers.

Ein Nottestament hat drei Monate Gültigkeit.

6.6.7 Familienrecht

Das Familienrecht regelt alle Fragen in familienrechtlichen Angelegenheiten (z.B. Namensrecht, Ehe, Verhältnis von Eltern zu Kindern, Scheidungen, Unterhaltszahlungen).

Namensrecht

Nach dem reformierten Namensrecht (§ 1355 BGB) bestehen für Ehegatten folgende Möglichkeiten für den Ehenamen:
- Als Ehenamen kann der **Geburtsname** des Mannes und der Frau bestimmt werden
- Als Ehenamen kann ein **Doppelname** bestimmt werden, bei dem der Name des anderen Ehegatten vorangestellt oder angefügt werden kann
- Die Ehegatten können auch nach der Heirat ihren jeweiligen Geburtsnamen beibehalten
- Kinder erhalten den Ehenamen der Eltern als Geburtsname – führen die Eltern keinen Ehenamen, so muss ein Geburtsname bestimmt werden.

Scheidungsrecht

Für die Scheidung spielen die Dauer der Trennung und der gemeinsame Wille der Partner eine Rolle. Eine Mindesttrennungszeit von einem Jahr sollte eingehalten werden, nach drei Jahren kann auch gegen den Willen des Partners geschieden werden.

6.7 Spezielle Bestimmungen des öffentlichen Rechtes

Einige Gesetze und Bestimmungen des öffentlichen Rechtes sind für das Krankenhaus- und Gesundheitswesen von Bedeutung.

6.7.1 Personenstandsgesetz

Das Personenstandgesetz (PStG) regelt die Anzeigepflicht von Geburt, Tod, Änderungen des Familienstandes und Namensänderungen.

Geburtsanzeige

Eine Geburt muss innerhalb von einer Woche beim zuständigen **Standesamt** mit folgenden Angaben angezeigt werden:

- Namen, Beruf, Religionszugehörigkeit und Wohnort der Eltern
- Ort, Tag, Stunde der Geburt
- Geschlecht des Kindes
- Namen des Kindes.

Ein öffentliches Krankenhaus oder eine Entbindungsklinik muss neben den Lebendgeburten auch alle Totgeburten schriftlich anzeigen (Totgeburten bereits am folgenden Werktag).

Todesanzeige

Ein Todesfall muss spätestens am folgenden Werktag dem zuständigen Standesamt mit folgenden Angaben angezeigt werden:

- Name, Beruf, Religionszugehörigkeit und Wohnort des Verstorbenen
- Name des Ehepartners
- Ort, Tag, Stunde des Todes
- Namen und Wohnort der Eltern des Verstorbenen
- Sterbefälle in Krankenhäusern müssen schriftlich angezeigt werden.

6.7.2 Bestattungsgesetz

Das Bestattungsgesetz beinhaltet Vorschriften über Leichenschau, Art und Durchführung der Bestattung. Wichtige Inhalte besagen z.B.:

- Jede Leiche muss durch eine Erdbestattung oder eine Feuerbestattung bestattet werden
- Totgeborene und unter der Geburt verstorbene Kinder müssen bestattet werden
- Die Bestattung muss auf Friedhöfen erfolgen (Ausnahmeregelungen sind möglich)
- Jede Leiche muss vor der Bestattung von einem Arzt untersucht und eine Todesbescheinigung ausgestellt werden
- Für die Bestattung müssen die Erben oder die Angehörigen sorgen
- Eine Bestattung darf frühestens nach 48 Stunden und spätestens nach 96 Stunden erfolgen (Ausnahmen sind möglich).

KAPITEL

7 Infektionsschutzgesetz

Zweck des Infektionsschutzgesetzes (IfSG) ist es, übertragbare Krankheiten beim Menschen vorzubeugen, Infektionen frühzeitig zu erkennen und ihre Weiterverbreitung zu verhindern.

7.1 Grundlagen und Begriffsbestimmungen

Das IfSG befasst sich im Wesentlichen mit der Verhütung und Bekämpfung **übertragbarer Krankheiten.** Die Kenntnis des Infektionsschutzgesetzes ist sowohl für Krankenhäuser als auch Arztpraxen von erheblicher Bedeutung.

7.1.1 Inhalte

Das Infektionsschutzgesetz regelt folgende Punkte:
- Meldepflicht
- Vorschriften zur Verhütung und Bekämpfung übertragbarer Krankheiten
- Bekämpfung von Tieren, von denen eine Seuchengefahr ausgehen kann
- Trink- und Brauchwasserüberwachung
- Vorschriften für Schulen
- Entschädigungsfragen
- Untersuchungen für Beschäftigte in Lebensmittelbetrieben
- Straf- und Bußgeldvorschriften.

7.1.2 Begriffsbestimmungen

Im IfSG werden bestimmte Begriffe verwendet, deren Kenntnis für die Regeln dieses Gesetzes nötig ist:
- **Krankheitserreger** ist ein vermehrungsfähiges Agens (Virus, Bakterium, Pilz, Parasit) oder ein sonstiges biologisches transmissibles Agens, das bei Menschen eine Infektion oder eine übertragbare Krankheit verursachen kann
- **Infektion** ist die Aufnahme eines Krankheitserregers und seine nachfolgende Entwicklung oder Vermehrung im menschlichen Organismus
- **Übertragbare Krankheit** ist eine durch Krankheitserreger oder deren toxische Produkte, die unmittelbar oder mittelbar auf den Menschen übertragen werden, verursachte Krankheit
- **Krank** im Sinne des Gesetzes ist eine Person, die an einer übertragbaren Krankheit erkrankt ist
- **Krankheitsverdächtig** sind Personen, die Symptome einer bestimmten übertragbaren Krankheit vermuten lassen
- **Ansteckungsverdächtig** sind Personen, von denen anzunehmen ist, dass sie die krankheitsauslösenden Erreger aufgenommen haben, ohne krank, krankheitsverdächtig oder Ausscheider zu sein

- **Ausscheider** sind Personen, die Krankheitserreger ausscheiden und dadurch eine Ansteckungsquelle für die Allgemeinheit sein können, ohne krank oder krankheitsverdächtig zu sein
- **Nosokomiale Infektion** ist eine Infektion mit lokalen oder systemischen Infektionszeichen als Reaktion auf das Vorhandensein von Erregern oder ihrer Toxine, die im zeitlichen Zusammenhang mit einer stationären oder einer ambulanten medizinischen Maßnahme steht, soweit die Infektion nicht bereits vorher bestand
- **Schutzimpfung** ist die Gabe eines Impfstoffes mit dem Ziel, vor einer übertragbaren Krankheit zu schützen
- **Andere Maßnahme der spezifischen Prophylaxe** ist die Gabe von Antikörpern (passive Immunprophylaxe) oder die Gabe von Medikamenten (Chemoprophylaxe) zum Schutz vor Weiterverbreitung bestimmter übertragbarer Krankheiten
- **Impfschaden** ist die gesundheitliche und wirtschaftliche Folge einer über das übliche Ausmaß einer Impfreaktion hinausgehenden gesundheitlichen Schädigung durch die Schutzimpfung; ein Impfschaden liegt auch vor, wenn mit vermehrungsfähigen Erregern geimpft wurde und eine andere als die geimpfte Person geschädigt wurde
- **Gesundheitsschädling** ist ein Tier, durch das Krankheitserreger auf Menschen übertragen werden können
- **Sentinel-Erhebung** ist eine epidemiologische Methode zur stichprobenartigen Erfassung der Verbreitung bestimmter übertragbarer Krankheiten und der Immunität gegen bestimmte übertragbare Krankheiten in ausgewählten Bevölkerungsgruppen
- **Gesundheitsamt** ist die nach Landesrecht für die Durchführung dieses Gesetzes bestimmte und mit einem Amtsarzt besetzte Behörde.

7.2 Meldewesen

Das IfSG geht von einer dualen Meldepflicht aus. Es unterscheidet zwischen der Meldepflicht **für übertragbare Krankheiten** und der Meldepflicht von **direkten oder indirekten Nachweisen von Krankheitserregern.**

7.2.1 Meldepflichtige übertragbare Krankheiten

Meldepflichtige Erkrankungen müssen immer innerhalb von **24 Stunden** beim zuständigen **Gesundheitsamt** gemeldet werden. Je nach dem, um welche Erkrankung es sich handeln könnte, erfolgt die Meldung bereits bei Verdacht oder erst, wenn die Erkrankung manifestiert ist oder der Patient daran verstorben ist.

Das IfSG schreibt genau vor, welche Angaben die Meldung enthalten muss. Hierfür sind bestimmte Meldebögen erhältlich.

Stehen bestimmte Angaben nicht fest, so darf die Meldung dennoch nicht verzögert werden. Fehlende Angaben müssen unverzüglich nachgereicht werden. Bestätigt sich der Verdacht nicht, muss auch dies wiederum dem Gesundheitsamt gemeldet werden.

Meldepflichtige Erkrankungen müssen innerhalb von 24 Stunden beim zuständigen Gesundheitsamt gemeldet werden.

7.2.2 Meldepflicht von Erkrankungen

Verschiedene Berufsgruppen sind zur Meldung von Erkrankungen nach dem Infektionsschutzgesetz verpflichtet.

Tab. 7.1 Wesentliche Meldeinhalte

Wesentliche Meldeinhalte
• Name, Vorname des Patienten • Geschlecht • Tag, Monat und Jahr der Geburt • Anschrift der Hauptwohnung (ggf. Aufenthaltsort) • Diagnose bzw. Verdachtsdiagnose • Tag der Erkrankung oder Tag der Diagnose, ggf. Tag des Todes • Wahrscheinliche Infektionsquelle • Land, in dem die Infektion wahrscheinlich erworben wurde; bei Tuberkulose Geburtsland und Staatsangehörigkeit • Name, Anschrift, Telefonnummer der mit der Erregerdiagnostik beauftragten Untersuchungsstelle • Überweisung in ein Krankenhaus bzw. Aufnahme in einem Krankenhaus oder einer anderen Einrichtung der stationären Pflege sowie Entlassung aus der Einrichtung, soweit dem Meldepflichtigen bekannt • Blut-, Organ- oder Gewebespende in den letzten sechs Monaten • Name, Anschrift und Telefonnummer des Meldenden

Tab. 7.2 Meldepflicht verschiedener Erkrankungen

Meldepflicht übertragbarer Krankheiten (Wer meldet was?)			
Meldepflichtige Krankheiten	Wer?	Weiterhin meldepflichtig sind:	Wer?
Krankheitsverdacht, Tod und Erkrankung bei: • Botulismus • Cholera • Diphtherie • Humane spongiforme Enzephalopathie (außer familiär-hereditär) • Akute Virushepatitis • Enteropathisches hämolytisch-urämisches Syndrom (HUS) • Virusbedingtes hämorrhagisches Fieber • Masern • Meningokokken-Meningitis oder -Sepsis • Milzbrand • Poliomyelitis (als Verdacht gilt jede akute schlaffe Lähmung, außer wenn traumatisch bedingt) • Pest • Tollwut • Typhus abdominalis, Paratyphus	• Ärzte, Pflegekräfte, Kapitäne und Seeleute • Leiter von Pflegeeinrichtungen u. Ä. • Leiter der Pathologie • Heilpraktiker	• Erkrankung, Tod an einer behandlungsbedürftigen Tuberkulose • Akute infektiöse Gastroenteritis bei Beschäftigten im Lebensmittelbereich • Mikrobiell bedingte Lebensmittelvergiftung bei Beschäftigten im Lebensmittelbereich • Bedrohliche Krankheiten oder Häufungen, soweit bisher nicht genannt	• Ärzte, Pflegekräfte, Kapitäne und Seeleute • Leiter von Pflegeeinrichtungen u. Ä. • Leiter der Pathologie • Heilpraktiker
		• Verletzung, Berührung eines Menschen durch ein tollwutkrankes, -verdächtiges oder -ansteckungsverdächtiges Tier	• Ärzte, Leiter der Pathologie, Tierärzte, Heilpraktiker
		• Der Verdacht eines Impfschadens	• Ärzte, Heilpraktiker
		• Verweigerung oder Abbruch der Behandlung einer behandlungsbedürftigen Lungentuberkulose	• Ärzte, Leiter der Pathologie
		• Nicht namentlich zu melden ist das gehäufte Auftreten nosokomialer Infektionen, bei denen ein epidemischer Zusammenhang wahrscheinlich ist oder vermutet wird.	• Ärzte, Leiter der Pathologie, Pflegekräfte

Zur Meldung verpflichtet
- Der die Krankheit feststellende Arzt, in Krankenhäusern oder anderen stationären Einrichtungen der leitende Arzt
- Der Leiter der Pathologie
- Der Tierarzt (Verletzung oder Berührung mit einem tollwutkranken Tier und Tollwut-Virus)
- Heilpraktiker.

In Fällen, in denen kein Arzt hinzugezogen wurde, besteht Meldepflicht für
- Angehörige anderer Heil- oder Pflegeberufe
- Die Leiter von Pflegeeinrichtungen, Justizvollzugsanstalten, Heimen, Lagern oder ähnlichen Einrichtungen
- Kapitäne/Luftfahrzeugführer.

Die Meldepflicht besteht nicht
- Wenn dem Meldepflichtigen ein Nachweis vorliegt, dass die Meldung bereits erfolgte (schriftlich)
- Für Personen des Not- und Rettungsdienstes, wenn der Patient unverzüglich in eine ärztlich geleitete Einrichtung gebracht wurde.

Das Infektionsschutzgesetz setzt die Schweigepflicht außer Kraft.

7.2.3 Meldepflicht von direkten oder indirekten Nachweisen von Krankheitserregern

Die Meldung der Nachweise von Krankheitserregern muss lediglich von Laborleitern sowie Leitern von Medizinaluntersuchungsämtern und sonstigen privaten oder öffentlichen Untersuchungsstellen durchgeführt werden. Dabei wird unterschieden zwischen **namentlicher** und **nicht namentlicher** Meldung. Die genauen Inhalte dieser Meldungen sind gesetzlich vorgeschrieben.

Tab. 7.3 Meldepflicht von direkten oder indirekten Nachweisen von Krankheitserregern

Namentliche Meldepflicht
Direkter oder indirekter Nachweis der folgenden Krankheitserreger: • Adenoviren; Meldepflicht nur für den direkten Nachweis im Konjunktivalabstrich • Bacillus anthracis • Borrelia recurrentis • Brucella sp. • Campylobacter sp., darmpathogen • Chlamydia psittaci • Clostridium botulinum oder Toxinnachweis • Corynebacterium diphtheriae, Toxin bildend • Coxiella burnetii • Cryptosporidium parvum • Ebolavirus • Escherichia coli, enterohämorrhagische Stämme (EHEC) • Escherichia coli, sonstige darmpathogene Stämme • Francisella tularensis • FSME-Virus • Gelbfiebervirus • Giardia lamblia • Haemophilus influenzae; Meldepflicht nur für den direkten Nachweis aus Liquor oder Blut • Hantaviren • Hepatitis-A-Virus • Hepatitis-B-Virus

Tab. 7.3 Meldepflicht von direkten oder indirekten Nachweisen von Krankheitserregern (Forts.)

Namentliche Meldepflicht
• Hepatitis-C-Virus; Meldepflicht für alle Nachweise, soweit nicht bekannt ist, dass eine chronische Infektion vorliegt • Hepatitis-D-Virus • Hepatitis-E-Virus • Influenzaviren; Meldepflicht nur für den direkten Nachweis • Lassavirus • Legionella sp. • Leptospira interrogans • Listeria monocytogenes; Meldepflicht nur für den direkten Nachweis aus Blut, Liquor oder anderen normalerweise sterilen Substraten sowie aus Abstrichen von Neugeborenen • Marburgvirus • Masernvirus • Mycobacterium leprae • Mycobacterium tuberculosis/africanum, Mycobacterium bovis; Meldepflicht für den direkten Erregernachweis sowie nachfolgend für das Ergebnis der Resistenzbestimmung; vorab auch für den Nachweis säurefester Stäbchen im Sputum • Neisseria meningitidis; Meldepflicht nur für den direkten Nachweis aus Liquor, Blut, hämorrhagischen Hautinfiltraten oder anderen normalerweise sterilen Substraten • Norwalk-ähnliches Virus; Meldepflicht nur für den direkten Nachweis aus Stuhl • Poliovirus • Rabiesvirus • Rickettsia prowazekii • Rotavirus • Salmonella Paratyphi; Meldepflicht für alle direkten Nachweise • Salmonella Typhi; Meldepflicht für alle direkten Nachweise • Salmonella, sonstige • Shigella sp. • Trichinella spiralis • Vibrio cholerae O 1 und O 139 • Yersinia enterocolitica, darmpathogen • Yersinia pestis • Andere Erreger hämorrhagischer Fieber.
Nicht namentliche Meldepflicht
Direkter oder indirekter Nachweis der folgenden Krankheitserreger: • Treponema pallidum • HIV • Echinococcus sp. • Plasmodium sp. • Rubellavirus; Meldepflicht nur bei konnatalen Infektionen • Toxoplasma gondii; Meldepflicht nur bei konnatalen Infektionen.

7.3 Verhütung übertragbarer Krankheiten

Bei Verdacht auf Vorliegen von übertragbaren Krankheiten trifft die zuständige Behörde die notwendigen Maßnahmen zur Abwendung der dem Einzelnen oder der Allgemeinheit hierdurch drohenden Gefahren.

7.3.1 Durchführung von Ermittlungen

Die Behörde darf zur Ermittlung:

- Grundstücke, Räume, Anlagen, Einrichtungen sowie Verkehrsmittel aller Art betreten
- Bücher und sonstige Unterlagen einsehen und hieraus Abschriften, Ablichtungen oder Auszüge anfertigen
- Gegenstände untersuchen
- Proben zur Untersuchung fordern oder entnehmen.

Personen müssen Auskünfte erteilen und Urkunden vorlegen. Zur Durchführung von Verhütungsmaßnahmen darf das Grundrecht auf Unverletzlichkeit der Wohnung (Art. 13 GG) eingeschränkt werden.

7.3.2 Besondere Maßnahmen

Die zuständige Behörde darf besondere Maßnahmen zur Verhütung vornehmen, nämlich die:
- Entseuchung von Gegenständen (ggf. ihre Vernichtung)
- Bekämpfung tierischer Schädlinge.

7.3.3 Aufgaben des Gesundheitsamtes in besonderen Fällen

Durch das Gesundheitsamt erfolgt eine Beratung und Untersuchung bezüglich sexuell übertragbarer Krankheiten und Tuberkulose. Die Kosten ersetzt der Träger der Krankenversicherung, ansonsten werden sie aus öffentlichen Mitteln getragen.

7.3.4 Schutzimpfungen und andere Maßnahmen der spezifischen Prophylaxe

In Deutschland besteht keine Impfpflicht, sondern es gibt nur **Impfempfehlungen.** Unter bestimmten Voraussetzungen (Gefahr einer Epidemie) können allerdings Schutzimpfungen gesetzlich angeordnet werden. Im IfSG verankert wurde die ständige Impfkommission des Robert Koch-Institutes (STIKO).

Eine Impfpflicht besteht in Deutschland nicht. Bei einer drohenden Epidemie können jedoch Schutzimpfungen gesetzlich angeordnet werden.

7.3.5 Nosokomiale Infektionen, Resistenzen

Leiter von Krankenhäusern und von Einrichtungen für ambulantes Operieren sind verpflichtet, bestimmte nosokomiale Infektionen und das Auftreten von Krankheitserregern mit speziellen Resistenzen und Multiresistenzen fortlaufend aufzuzeichnen und zu bewerten. Die Aufzeichnungen sind zehn Jahre aufzubewahren. Dem zuständigen Gesundheitsamt ist auf Verlangen Einsicht in die Aufzeichnungen zu gewähren.

7.4 Bekämpfung übertragbarer Krankheiten

In diesem Gesetzesabschnitt sind Behandlung, Ermittlung und Schutzmaßnahmen bezüglich der Bekämpfung übertragbarer Krankheiten geregelt, insbesondere für den Fall, dass tatsächlich Menschen erkrankt sind. Das IfSG stattet die Gesundheitsämter hier zum Schutz der Allgemeinheit mit erheblichen Vollmachten aus.

7.4.1 Behandlung

Die Behandlung von übertragbaren Krankheiten im Sinne des IfSG liegt ausschließlich beim Arzt. Heilpraktiker dürfen lediglich Maßnahmen zur Linderung der Leiden ergreifen, bis die

Behandlung von einem Arzt übernommen worden ist. Dieser Arztvorbehalt gilt nur bei Vorliegen bestimmter im Gesetz aufgezählter Erkrankungen.

7.4.2 Ermittlung und Untersuchung

Die Ermittlungen dienen dazu, das Ausmaß der Erkrankung sowie mögliche Infektionswege aufzudecken. Geführt werden die Ermittlungen vom zuständigen Gesundheitsamt.

Die Behörde darf hierzu die in Punkt 7.3.1 aufgeführten Maßnahmen durchführen.

Duldungspflichtig sind

- Körperliche Untersuchungen
- Bereitstellen von Untersuchungsmaterial (Blut, Stuhl, Urin).

Bei Verdacht auf eine Erkrankung im Sinne des IfSG besteht **Untersuchungspflicht,** aber **keine Behandlungspflicht.**

Nur mit Einwilligung des Betroffenen dürfen vorgenommen werden

- Gallen- oder Magensaftentnahmen
- Punktionen des Spinalkanals zur Liquorentnahme
- Operationen
- Eingriffe in Narkose.

Eine Behandlung darf nicht angeordnet werden.

Untersuchung von Verstorbenen

- Den Ärzten ist die Untersuchung von Verstorbenen zu gestatten
- Eine innere Leichenschau (Obduktion) kann angeordnet werden.

Einschränkung der Grundrechte

Im Rahmen der Maßnahmen zur Gefahrenabwehr von der Allgemeinheit können einige der Grundrechte eingeschränkt werden.

7.4.3 Schutzmaßnahmen

Die zuständige Behörde *muss* die notwendigen Schutzmaßnahmen treffen, die eine Weiterverbreitung der Erkrankung verhindern sollen.

Beschränkungen und Verbote

Das Ordnungsamt kann umfassende Maßnahmen anordnen, z.B.:

- Schließung von Sportveranstaltungen, Theaterveranstaltungen, Messen usw.
- Schließen von Badeanstalten.

Tab. 7.4 Bei Anwendung des IfSG eingeschränkte Grundrechte

Art. 2 II GG	Grundrecht auf Unversehrtheit
Art. 2 II GG	Freiheit der Person
Art. 11 I GG	Freizügigkeit
Art. 8 GG	Versammlungsfreiheit
Art. 13 I GG	Unverletzlichkeit der Wohnung

Beobachtung

Kranke, Krankheitsverdächtige, Ansteckungsverdächtige und Ausscheider können der Beobachtung unterworfen werden. Der Betroffene muss:

- Erforderliche Untersuchungen dulden
- Den Weisungen des Gesundheitsamtes Folge leisten
- Zutritt zur Wohnung gestatten
- Befragungen beantworten
- Dem Gesundheitsamt jeden Wohnungswechsel mitteilen
- Änderungen bei einer Tätigkeit im Lebensmittelbereich mitteilen
- Den Wechsel einer Gemeinschaftseinrichtung mitteilen.

Isolation und Quarantäne

Das betreffende Krankenhaus muss die Absonderung und Isolation der erkrankten Person von anderen Mitmenschen für die Zeit der Infektiösität sicherstellen. Die Quarantäne ist die schwerwiegendste und strengste Form der Isolation.
Quarantänepflichtig sind Patienten mit:

- Lungenpest
- Virusbedingtem hämorrhagischen Fieber.

Sonstige Kranke, Krankheits- und Ansteckungsverdächtige sowie Ausscheider **können** abgesondert werden.

Für Patienten, die sich der Anordnung entziehen, kann das Amtsgericht die **zwangsweise Unterbringung** anordnen. § 30 ermöglicht es außerdem, private Post von und zum Erkrankten zu öffnen, wenn die Gefahr besteht, dass sich der Erkrankte der Unterbringung entziehen will (Ausnahme: Post von Gerichten, Behörden, Rechtsanwälten und Notaren).

Die zuständige Behörde kann alle notwendigen Maßnahmen zur Gefahrenabwehr vornehmen.

Berufliches Tätigkeitsverbot

Die zuständige Behörde kann Kranken, Krankheitsverdächtigen, Ansteckungsverdächtigen und Ausscheidern die Ausübung bestimmter beruflicher Tätigkeiten ganz oder teilweise untersagen.

Zusätzliche Vorschriften für Schulen und sonstige Gemeinschaftseinrichtungen

Für Lehrer und Schulbedienstete besteht ein Tätigkeitsverbot, sofern sie an bestimmten Krankheiten erkrankt sind wie Keuchhusten, Masern, Meningitis, Mumps, Krätze, Scharlach, Windpocken (oder dessen verdächtig sind). Für Schüler besteht ein Betretungsverbot.

Eltern müssen für Minderjährige und Betreuer für Betreute der Gemeinschaftseinrichtung mitteilen, dass eine Erkrankung aufgetreten ist oder ein Krankheitsverdacht besteht.

Entschädigung

Das IfSG sieht eine Entschädigung für Lohnausfall und Impfschäden vor.

Straf- und Bußgeldvorschriften

Bestimmte Verstöße gegen das Gesetz können mit einer Geldbuße bis zu 25000 EUR geahndet oder mit einer Freiheitsstrafe bis zu fünf Jahren oder Geldstrafe bestraft werden.

7.5 AIDS

AIDS (Acquired immunie deficiency syndrome), eine viral (HIV-Virus) ausgelöste Erkrankung der Abwehrzellen im Blut, ist eine übertragbare Erkrankung im Sinne des Infektionsschutzgesetzes. Die Meldung eines Nachweises von HIV muss lediglich **ohne Nennung des Namens** durch das Krankenhauslaboratorium gemeldet werden. Die Meldung erfolgt beim zentralen AIDS-Infektionsregister des Robert Koch-Institutes in Berlin. Gerade bei AIDS ist die Kenntnis genauer Infektionszahlen von großer Bedeutung, um sowohl Ausbreitung als auch Infektionsrisiko abzuschätzen.

Bei einer HIV-Infektion besteht lediglich eine anonyme Meldepflicht.

HIV-Test

Lange umstritten war die Frage, ob eine Einwilligung des Patienten in Laboruntersuchungen die Durchführung eines HIV-Testes mit einschließt. In der aktuellen Rechtsprechung wird die Durchführung eines HIV-Testes ohne ausdrückliche Unterrichtung des Patienten als Körperverletzung gewertet, sodass vor einem Test der Patient informiert werden muss. Allerdings ist der Arzt bei Weigerung des Patienten berechtigt, jede nicht lebensnotwendige Behandlung abzulehnen.

Die Durchführung eines AIDS-Tests ohne Wissen des Patienten ist nicht erlaubt. Der Patient muss vorab unterrichtet werden und ausdrücklich einwilligen.

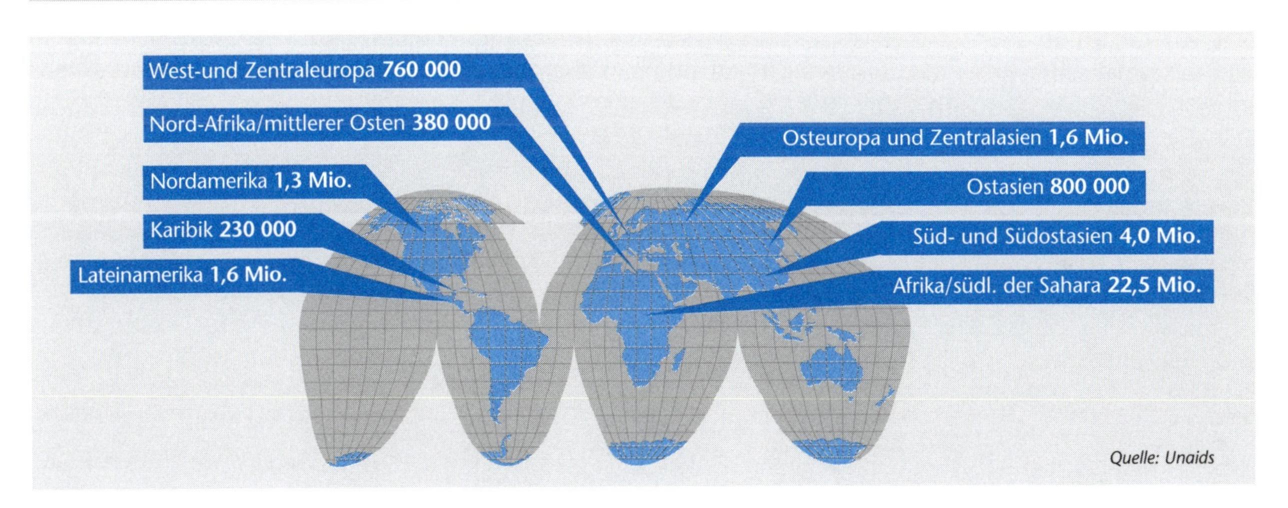

Abb. 7.1 Geschätzte HIV-Infektionen weltweit (Stand 2007).

KAPITEL

8 Bestimmungen aus dem Arznei- und Betäubungsmittelrecht

Der Umgang mit Arznei- und Betäubungsmitteln unterliegt strengen Regeln, die im Arznei- und Betäubungsmittelrecht festgelegt sind.

8.1 Bestimmungen aus dem Arzneimittelrecht

Die Grundlagen des Arzneimittelrechtes sind Voraussetzung für den Gebrauch von Arzneimitteln. Das Arzneimittelrecht ist im **Arzneimittelgesetz** festgeschrieben.

8.1.1 Aufgaben des Arzneimittelgesetzes

Das Arzneimittelgesetz soll im Einzelnen folgende Aufgaben erfüllen:
- Regelung von Qualität, Unbedenklichkeit und Wirksamkeit von Arzneimitteln für Mensch und Tier
- Ordnung von Zulassung, Registrierung, Verkehr und behördlicher Überwachung von Arzneimitteln
- Bestimmung über die klinische Prüfung von Arzneimitteln, Verfallsdaten, Beobachtung und Auswertung von Arzneimittelrisiken und -nebenwirkungen
- Schutz des Verbrauchers vor Arzneimittelrückständen in Lebensmitteln
- Bestimmung, wie weit über Arzneimittel informiert und geworben werden darf
- Festlegung von Straf- und Bußgeldvorschriften.

8.1.2 Begriffsbestimmungen des Arzneimittelgesetzes

Das Arzneimittelgesetz enthält wichtige Definitionen bzw. Begriffsbestimmungen.

Arzneimittel

Arzneimittel sind Stoffe, die durch Anwendung am oder im menschlichen oder tierischen Körper Folgendes bewirken sollen:
- Beschwerden oder Krankheiten heilen, lindern oder verhüten (Medikamente)
- Funktion und Zustand des Körpers aufzeigen (z.B. Szintigraphien)
- Körpereigene Wirkstoffe ersetzen (z.B. Insulin, Hormone, Kortison)
- Krankheitserreger, Parasiten oder körperfremde Stoffe bekämpfen (z.B. Antibiotika)
- Den seelischen Zustand des Körpers beeinflussen (z.B. Psychopharmaka)
- Die Funktion des Körpers beeinflussen (z.B. Schlafmittel, Anabolika, „Pille").

Der Gesetzgeber definiert Arzneien weitergehend als allgemein angenommen. So gelten auch Verbandstoffe und chirurgisches Nahtmaterial als Arzneien.

Fertigarzneimittel

Fertigarzneimittel werden im Voraus hergestellt und in einer für den Verbraucher bestimmten Verpackung in Verkehr gebracht.

Wirkstoffe

Wirkstoffe sind Stoffe, die bei der Herstellung von Arzneimitteln als arzneilich wirksame Bestandteile verwendet werden.

Blutzubereitungen

Blutzubereitungen sind Arzneimittel, die aus Blut gewonnene Bestandteile enthalten (z.B. Blutkonserven, Thrombozytenkonzentrate, Immunglobuline, Gerinnungsfaktoren).

Sera

Sera werden aus dem Blut oder den Organen von Lebewesen gewonnen. Sie enthalten spezifische **Antikörper** (z.B. Tetanushyperimmunglobulin), wegen denen sie auch eingesetzt werden. Sie können den Verlauf einer Infektionskrankheit abschwächen.

Impfstoffe

Impfstoffe enthalten **Antigene** und sollen bei Mensch und Tier die Produktion von Antikörpern zum Infektionsschutz einleiten.

Radioaktive Arzneimittel

Radioaktive Arzneimittel geben radioaktive Strahlung ab und dienen hierdurch der Diagnostik oder Therapie (z.B. radioaktives Jod zur Therapie von Schilddrüsentumoren).

Charge

Unter Charge versteht man die in einem einheitlichen Herstellungsgang gewonnene Menge an Arzneimittel.

Nebenwirkungen

Nebenwirkungen sind unerwünschte Begleiterscheinungen, die beim ordnungsgemäßen Gebrauch eines Arzneimittels auftreten können.

8.1.3 Anforderungen an Arzneimittel

Allgemeine Anforderungen an Arzneimittel im Arzneimittelgesetz verbieten:
- Bedenkliche Arzneimittel in den Verkehr zu bringen, deren schädliche Wirkungen im Verhältnis zur Hauptwirkung über ein vertretbares Maß hinausgehen
- Arzneimittel minderer Qualität in den Verkehr zu bringen
- Arzneimittel mit irreführenden Bezeichnungen zu versehen
- Arzneimittel mit abgelaufenem Verfallsdatum in den Verkehr zu bringen.

8.1.4 Arzneienkennzeichnung

Es besteht eine Kennzeichnungspflicht bei Arzneien. Insbesondere müssen folgende Angaben auf dem Behältnis oder der **Verpackung** angebracht sein:
- Bezeichnung des Arzneimittels
- Verfallsdatum und Herstellungsdatum, ggf. Chargenbezeichnung
- Hersteller mit Anschrift
- Zulassungsnummer (Zul.-Nr.)

- Darreichungsform (Tabletten, Tropfen, Dragees, Suppositorien)
- Inhalt (Gewicht, Anzahl)
- Wirksame Bestandteile („entspricht der Wirkung zwei mg einer anderen Substanz")
- Hinweise über die Einordnung (z.B. „Apothekenpflichtig", „Verschreibungspflichtig")
- Art der Anwendung
- Hinweise über gentechnologisch gewonnene Arzneimittel
- Hinweis, dass das Mittel für Kinder unzugänglich aufzubewahren ist.

8.1.5 Gebrauchsinformation

Fertigarzneimittel dürfen zudem nur mit einer **Gebrauchsinformation** (im „Beipackzettel") in den Verkehr gebracht werden. Diese Packungsbeilage muss enthalten:
- Hersteller mit Anschrift
- Bezeichnung des Arzneimittels
- Wirksame Bestandteile nach Art und Menge
- Die Darreichungsform und Inhalt (Gewicht, Rauminhalt, Stückzahl)
- Anwendungsgebiete, Gegenanzeigen, Nebenwirkungen
- Wechselwirkungen mit anderen Mitteln
- Dosierungsanleitung (soweit nicht anders verordnet)
- Art und Dauer der Anwendung
- Hinweis, dass nach Ablauf des Verfalldatums das Mittel nicht mehr angewendet werden soll.

Jedes Fertigarzneimittel muss eine ausführliche Gebrauchsinformation beinhalten.

8.1.6 Herstellung von Arzneimitteln

Wer Arzneimittel gewerbs- oder berufsmäßig zum Zwecke der Abgabe an andere herstellen will, bedarf einer Erlaubnis durch die zuständige Behörde. Ausnahme:
- Apothekeninhaber
- Träger eines Krankenhauses, soweit er Arzneimittel abgeben darf.

8.1.7 Apothekenwesen

Den Apotheken obliegt die Sicherstellung der ordnungsgemäßen **Arzneimittelversorgung** der Bevölkerung. Sie unterliegen der behördlichen Aufsicht (Gesundheitsamt).
Aufgaben der Apotheke:
- Herstellung von Arzneimitteln
- Prüfung von Arzneimitteln
- Aufbewahrung und ordnungsgemäße Abgabe von Arzneimitteln.

Eine spezielle Werbung ist den Apotheken untersagt.

8.1.8 Arzneimittelabgabe

Es werden drei Arten der Arzneimittelabgabe unterschieden. Man unterscheidet frei verkäufliche von apotheken- und rezeptpflichtigen Arzneimitteln.

Frei verkäufliche Arzneien

Hierunter versteht man Arzneien, die in Apotheken, Drogerien oder Großmärkten mit Drogerieanschluss **rezeptfrei** abgegeben werden, z.B. Vitaminpräparate, Pflaster.

Apothekenpflichtige Arzneien

Apothekenpflichtig sind alle nicht verschreibungspflichtigen Stoffe, die aber nur über eine **Apotheke** abgegeben werden dürfen, z.B. Acetylsalicylsäure (z. B. Aspirin®) oder Paracetamol (z. B. ben-u-ron®). Nach Beratung oder auf eigenen Wunsch kann ein Konsument eine apothekenpflichtige Arznei erwerben.

Verschreibungspflichtige Arzneien

Verschreibungspflichtige Arzneien dürfen nur gegen **ärztliches Rezept** und ausschließlich in Apotheken abgegeben werden. Verschreibungspflichtig sind Arzneien dann, wenn ihre Anwendung der ärztlichen Überwachung bedarf oder durch ihren Missbrauch die Gesundheit gefährdet werden kann. Auf dem ärztlichen Rezept muss stehen:

- Name, Berufsbezeichnung und Anschrift des Arztes
- Datum und eigenhändige Unterschrift
- Name und Geburtsdatum des Patienten
- Name, Darreichungsform und Menge der Arznei
- Ggf. Gültigkeitsdauer der Verschreibung
- Bei Rezepturen eine Gebrauchsanweisung.

Ein Rezept ist drei Monate gültig, wenn es nicht zeitlich befristet wurde.

8.1.9 Lagerung und Haltbarkeit von Arzneimitteln

Auf jeder Ampulle und jeder Packung steht das Verfallsdatum. Ist dieses Datum überschritten, sind diese Medikamente der Apotheke zurückzugeben. Manche Arzneien sind lichtgeschützt zu lagern, da sie bei Lichteinstrahlung Einbußen in ihrer Wirksamkeit haben. Einige Pharmaka müssen kühl gelagert werden, z.B. Insuline und fettlösliche Vitamine.

8.1.10 Arzneimittelzulassungen

Fertigarzneimittel, die neu auf den Markt kommen sollen, müssen ein Zulassungsverfahren durchlaufen. Für die Zulassung müssen pharmazeutische Qualität, Wirksamkeit und Unbedenklichkeit vom pharmazeutischen Unternehmer (Hersteller) belegt werden.

Das Bundesinstitut für Arzneimittel und Medizinprodukte (BfArM) ist für die Zulassung neuer Arzneien zuständig. Das Bundesamt für Sera und Impfstoffe (Paul-Ehrlich-Institut) ist für Impfstoffe zuständig.

Neben dem **nationalen Zulassungsverfahren** in Deutschland wurden durch Verordnungen und Richtlinien der Europäischen Kommission zwei neue Zulassungsverfahren für Arzneimittel geschaffen, das **zentrale Zulassungsverfahren** und das **dezentrale Zulassungsverfahren.**

8.1.11 Haftung für Arzneimittelschäden

Im Arzneimittelgesetz sind auch Haftungsfragen und Schadenersatzansprüche geregelt. Der pharmazeutische Unternehmer haftet für die von ihm in Verkehr gebrachten Arzneimittel. Eine Schadenersatzpflicht besteht beispielsweise in folgenden Fällen:

- Schädigende Wirkungen eines Arzneimittels, die über ein vertretbares Maß hinausgehen und ihre Ursache im Entwicklungs- und Herstellungsprozess haben
- Fehlerhafte Gebrauchsinformationen.

8.1.12 Werbung für Arzneimittel

Für Arzneimittel ist jegliche irreführende Werbung verboten. Für verschreibungspflichtige Arzneimittel, Schlafmittel und Psychopharmaka darf nur in Fachkreisen, die berufsmäßigen Umgang mit Arzneimitteln haben, geworben werden, z.B. in Fachzeitschriften oder -büchern. Außerhalb dieser Kreise ist die Werbung für Arzneimittel erheblich eingeschränkt.

8.2 Bestimmungen aus dem Betäubungsmittelrecht

Das Betäubungsmittelgesetz (BtMG) regelt den Verkehr mit Betäubungsmitteln und die strafrechtlichen Folgen bei Verstößen gegen die Vorschriften des Betäubungsmittelgesetzes.

8.2.1 Betäubungsmittel im Sinne des Betäubungsmittelgesetzes

Unter Betäubungsmitteln versteht man Wirkstoffe, die **suchterzeugende** Eigenschaften besitzen. In der Medizin werden diese Stoffgruppen zur Therapie schwerster Schmerzzustände eingesetzt, z.B. bei Operationen oder Tumorleiden. Wegen der Suchtgefahr wird der Umgang mit diesen Medikamenten im Betäubungsmittelgesetz geregelt. Bei **therapeutischem Einsatz** besteht normalerweise keine Suchtgefahr.

Aufgrund der suchterzeugenden Eigenschaft dieser Stoffe ist die Gefahr des Missbrauches groß. Diesem Umstand trägt das Betäubungsmittelgesetz im Abschnitt **Straftaten** Rechnung. Der Umgang (Anbau, Herstellung, Abgabe und Erwerb) mit Betäubungsmitteln ist nur nach Erlaubnis durch das Bundesinstitut für Arzneimittel- und Medizinprodukte gestattet. Ausgenommen von dieser sog. **Erlaubnispflicht** sind Apotheker und Patienten, die Betäubungsmittel nach Verschreibung erhalten.

In den Anlagen I–III des BtMG sind die unter das BtMG fallenden Stoffgruppen aufgelistet:

Nicht verkehrsfähige Betäubungsmittel (Anlage I)

Nicht verkehrsfähige Betäubungsmittel dürfen weder hergestellt noch darf Handel mit ihnen getrieben werden (z.B. Haschisch, Marihuana, Heroin oder LSD).

Verkehrs-, aber nicht verschreibungsfähige Betäubungsmittel (Anlage II)

Mit diesen Stoffen dürfen Pharmahersteller oder Apotheken arbeiten, sie dürfen aber den Patienten in unverarbeiteter Form nicht verschrieben werden (z.B. Cocablätter).

Verschreibungsfähige Betäubungsmittel (Anlage III)

Die verschreibungsfähigen Betäubungsmittel dürfen an Patienten gegen ein spezielles Betäubungsmittelrezept abgegeben werden, z.B. Morphine oder Opiate (z.B. Fentanyl®).

8.2.2 Betäubungsmittelverschreibung

Lediglich Ärzte, Zahn- und Tierärzte dürfen Betäubungsmittel verschreiben. Dazu werden spezielle **Betäubungsmittelrezepte** (BtM-Rezepte) benötigt, die vom Bundesinstitut für Arzneimittel und Medizinprodukte auf Anforderung ausgegeben werden. Sie sind nummeriert und tragen eine Arztregistriernummer.

BtM-Rezepte müssen beim Bundesinstitut für Arzneimittel und Medizinprodukte angefordert werden.

BtM-Rezept

Das BtM-Rezept besteht aus drei Blättern und ist durchgehend nummeriert. Blatt eins und zwei sind für den Apotheker bestimmt, der Blatt eins behält und Blatt zwei zur Abrechnung verwendet. Blatt drei verbleibt beim Arzt.

Jedes BtM-Rezept muss drei Jahre aufbewahrt werden.

Notwendige Angaben auf dem Rezept

- Name, Vorname, Anschrift des Patienten
- Ausstellungsdatum (max. sieben Tage Gültigkeit)
- Arzneimittelbezeichnung
- Darreichungsform und Gewichtsmenge je abgeteilte Form (Ampullen, Supp., Tabl.) sind nur anzugeben, wenn aus der Arzneimittelbezeichnung nicht eindeutig zu bestimmen
- Menge des verschriebenen Arzneimittels in Gramm oder Milliliter, Stückzahl der abgeteilten Form
- Gebrauchsanweisung mit Einzel- und Tagesgabe
- Name, Anschrift, Telefon und Berufsbezeichnung des verschreibenden Arztes
- Anzahl der Tage, für die verschrieben wurde
- Ungekürzte Unterschrift des verschreibenden Arztes.

Die oben genannten Angaben müssen „dauerhaft“ vermerkt werden.

Nur ordnungsgemäß ausgefüllte BtM-Rezepte dürfen in der Apotheke akzeptiert werden.

Auf Station ausgegebene Betäubungsmittel müssen in einem **BtM-Buch** mit fortlaufend nummerierten Seiten eingetragen werden. Die Überprüfung der ordnungsgemäßen Führung dieser Bücher sowie der BtM-Bestände ist Sache des Verschreibenden und soll am Ende eines jeden Kalendermonats erfolgen.

Verschreibung der Betäubungsmittel für den Stationsbedarf

Betäubungsmittel für den Stationsbedarf werden mittels eines dreiteiligen **Betäubungsmittelanforderungsscheins** verschrieben. Auf dem Anforderungsschein sind zu vermerken:

- Name und Bezeichnung der anfordernden Station
- Ausstellungsdatum
- Präparat, Stückzahl, Gewichtsmenge und Darreichungsform
- Name und Unterschrift des verschreibenden Arztes (einschließlich Telefon).

Die oben genannten Angaben müssen „dauerhaft“ vermerkt werden.

Höchstmengen

Bei allen BtM-pflichtigen Arzneimitteln sind Verschreibungshöchstmengen vorgesehen. Der Arzt darf nur unter Einhaltung der innerhalb eines bestimmten Zeitraums festgesetzten Höchstmengen Betäubungsmittel verschreiben. In besonders schweren Krankheitsfällen dürfen die Höchstmengen, abhängig vom Präparat, erhöht werden. Dann muss der Buchstabe A in einem Kreis auf dem Rezept für diese Dauerbehandlung stehen.

Notfälle

In Notfällen, ausgenommen zur Substitution, kann ein Arzt auch ohne Verwendung eines Betäubungsmittelrezeptes Betäubungsmittel verordnen. Die Verschreibung ist mit dem Wort **„Notfall-Verschreibung“** zu kennzeichnen. Der Arzt ist verpflichtet, die Verschreibung unverzüglich auf einem Betäubungsmittelrezept der Apotheke nachzureichen, die die Notfall-Verschreibung geliefert hat. Die Verschreibung ist mit dem Buchstaben „N“ zu kennzeichnen.

KAPITEL

9 Lebensmittel- und Futtermittelgesetz

Das Lebensmittel- und Futtermittelgesetz (LFGB) soll den Bürger vor Gesundheitsschäden und Täuschung beim Kauf und Verzehr von Lebensmitteln, Futtermitteln, kosmetischen Mitteln und Bedarfsgegenständen schützen. Das Gesetz trat im Jahr 2005 in Kraft und ersetzt das alte Lebensmittel- und Bedarfsgegenständegesetz (LMBG).

9.1 Allgemeine Aufgaben und Regeln des Gesetzes

Das Gesetz regelt die Herstellung und den Umgang von:

- Lebensmitteln
- Kosmetika
- Bedarfsgegenständen
- Futtermitteln.

9.1.1 Begriffsbestimmungen

Lebensmittel

Lebensmittel sind Stoffe, die dazu bestimmt sind, vom Menschen in unverändertem, zubereitetem oder verarbeitetem Zustand verzehrt zu werden (Nahrungsmittel samt ihrer essbaren Verpackung oder Umhüllung).

Kosmetische Mittel

Kosmetische Mittel sind Stoffe oder Zubereitungen aus Stoffen, die ausschließlich oder überwiegend dazu bestimmt sind, äußerlich am Körper des Menschen oder in seiner Mundhöhle zur Reinigung, zum Schutz, zur Erhaltung eines guten Zustandes, zur Parfümierung, zur Veränderung des Aussehens oder dazu angewendet zu werden, den Körpergeruch zu beeinflussen.

Bedarfsgegenstände

Bedarfsgegenstände sind Gegenstände, die im weitesten Sinne mit Mensch oder Lebensmittel in Berührung kommen. Hierzu zählen z.B. Verpackungen, Spielwaren, Bekleidung, Armbänder, Brillengestelle usw.

Futtermittel

Futtermittel sind Stoffe oder Erzeugnisse, auch Zusatzstoffe, die verarbeitet, teilweise verarbeitet oder unverarbeitet zur oralen Tierfütterung bestimmt sind.

9.1.2 Regelungen des LFBG

Gemäß dem LFBG wird u. a. Folgendes verboten:

- Herstellung und Behandlung von Lebensmitteln, deren Verzehr geeignet ist, die Gesundheit zu schädigen
- Inverkehrbringen von Stoffen als Lebensmittel, die dazu geeignet sind, die Gesundheit zu schädigen
- Nachmachen von minderwertigen Lebensmitteln
- Verwendung von Lebensmitteln, die aus Tieren gewonnen wurden, welche mit unzulässig hohen Hormondosen behandelt worden sind
- Verpackungen, die mehr Inhalt vortäuschen („Mogelpackungen")
- Inverkehrbringen von Lebensmitteln mit nicht zugelassenen Zusatzstoffen
- Herstellung von Futtermitteln, die bei Verfütterung an Tiere, aus denen Lebensmittel gewonnen werden, die Gesundheit eines Menschen schädigen können.

9.2 Spezialgesetze und Verordnungen im Lebensmittelrecht

- Lebensmittelkennzeichnungsverordnung (regelt die Kennzeichnung der Lebensmittel)
- Verordnung zu lebensmittelrechtlichen Vorschriften über Zusatzstoffe
- Verordnung über diätetische Lebensmittel (besondere Kennzeichnungspflicht)
- Novel-Food-Verordnung (regelt den Umgang mit neuartigen Lebensmitteln)
- Lebensmittel-Hygieneverordnung (Festlegung des Hygienerahmens)
- Milchgesetz (regelt den Umgang mit Milch und Milcherzeugnissen)
- Rindfleischetikettierung
- Weingesetz
- Reinheitsgebot für Bier
- Butter-, Käse- und Kaffeeverordnung
- Brot- und Margarinegesetz.

KAPITEL

10 Soziale Sicherung

In Deutschland hat sich ein System der sozialen Sicherung entwickelt, das dem Einzelnen einen Schutz gegen eine Vielzahl von Lebensrisiken bietet, teilweise im Versicherungssystem, teilweise im Versorgungsweg.

Träger der sozialen Sicherung

- Krankenversicherungen
- Unfallversicherungen
- Rentenversicherungen
- Arbeitslosenversicherungen
- Pflegeversicherungen.

Prinzip der Solidargemeinschaft

Der Schutz des Einzelnen gegen eine Vielzahl von Lebensrisiken wird durch die Solidargemeinschaft der Versicherten getragen. Da alle Versicherten in die Gemeinschaftskasse einzahlen, ergibt sich im Krankheitsfalle des Einzelnen eine Teilung der finanziellen Belastung. Die entstehenden Kosten werden so von der Gemeinschaft (Solidargemeinschaft) aufgebracht. So ist das Prinzip der **Zwangsmitgliedschaft** in der Sozialversicherung verständlich.

Abb. 10.1 Eckpfeiler der sozialen Sicherung.

10.1 Krankenversicherung

Die Krankenversicherung hat als Solidargemeinschaft die Aufgabe, die zur Erhaltung, Wiederherstellung oder Verbesserung des Gesundheitszustandes notwendigen Kosten zu tragen. Träger der Krankenversicherung sind die **Krankenkassen.** Man unterscheidet **gesetzliche** und **private** Kassen.

Die gesetzlichen Kassen finanzieren sich seit der Einführung des sog. Gesundheitsfonds zum 01.01.2009 durch einen staatlich festgelegten einheitlichen Beitragssatz von 15,5 % des Einkommens eines Versicherten, wobei der Arbeitnehmer 8,2 %, der Arbeitgeber 7,3 % trägt. Im Rahmen des Konjunkturpakets II hat die Bundesregierung beschlossen, zum 01.07.2009 den Beitrag für Arbeitgeber und -nehmer um je 0,3 % zu senken. Bei privaten Kassen trägt der Versicherte die Kosten alleine; der Arbeitgeber gewährt evtl. einen Zuschuss.

Erstmals in der deutschen Sozialgeschichte gibt es seit dem 01.01.09 eine allgemeine **Pflicht** zur Krankenversicherung. Dies gilt gleichermaßen für die gesetzliche wie die private Krankenversicherung, sodass jeder Bürger in Deutschland krankenversichert sein soll.

10.1.1 Versicherungspflicht

Man unterscheidet zwischen **Pflichtversicherten** und **freiwillig Versicherten.** Pflichtversicherte sind Pflichtmitglieder in der gesetzlichen Krankenkasse. Von der Versicherungspflicht befreite Personen können sich entweder freiwillig in der gesetzlichen Krankenkasse versichern oder in eine private Krankenkasse eintreten.

Versicherungspflichtige Personen

- Arbeiter und Angestellte, deren regelmäßiges Arbeitsentgelt in drei aufeinander folgenden Jahren die **Versicherungspflichtgrenze** nicht übersteigt (2009: 4 050 EUR)
- Auszubildende, Praktikanten, Studenten
- Rentner
- Bezieher von Arbeitslosengeld, Arbeitslosengeld II oder Unterhaltsgeld nach dem SGB III
- Landwirte, Künstler, Publizisten
- Behinderte
- Personen ohne anderweitigen Anspruch auf Absicherung im Krankheitsfall, die zuletzt gesetzlich krankenversichert waren oder der gesetzlichen Krankenversicherung zuzuordnen sind.

Von der Versicherungspflicht befreite Personen

- Geringfügig Beschäftigte
- Arbeiter und Angestellte mit einem Einkommen über der Versicherungspflichtgrenze (ohne Seeleute)
- Beamte, Richter, Soldaten auf Zeit/Berufssoldaten
- Diakonissen und ähnliche Personen, die aus überwiegend religiösen und sittlichen Gründen beschäftigt sind und nicht mehr als freien Unterhalt oder geringes Entgelt beziehen.

Die Beihilfe der Beamten trägt – abzüglich Eigenbeteiligung – einen bestimmten Prozentsatz der anfallenden Krankheitskosten. Der Rest kann über eine private Krankenversicherung abgedeckt werden.

Die Versicherungspflichtgrenze für den Eintritt in eine private Krankenversicherung beträgt derzeit 4 050 EUR. Unterhalb dieses Einkommens ist jeder in der gesetzlichen Krankenversicherung Pflichtmitglied.

10.1.2 Gesetzliche Krankenversicherung

Die gesetzlichen Krankenkassen haben die Aufgabe, die anfallenden Kosten für Erhalt und Wiederherstellung der Gesundheit jeder versicherten Person zu erstatten (➤ Abb. 10.2). Träger der gesetzlichen Krankenversicherung sind:

- Allgemeine Ortskrankenkasse (AOK)
- Betriebskrankenkassen
- Innungskrankenkassen (des Handwerks)
- See- und Landwirtschaftliche Kassen
- Knappschaft-Bahn-See
- Ersatzkassen (z.B. BEK).

10.1.3 Leistungen der gesetzlichen Krankenversicherung

Die gesetzliche Krankenversicherung erbringt Leistungen in folgenden Fällen:

- Vorsorge (Krankheitsverhütung)
- Früherkennung (besonders bei Krebserkrankungen wichtig)
- Krankheit
- Schwanger- und Mutterschaft.

Vorsorge und Früherkennung

Die Krankenkasse bezahlt:

- Vorsorgeuntersuchungen zur Früherkennung von Krebserkrankungen einmal jährlich für Frauen ab dem 20. und Männer ab dem 45. Lebensjahr
- Ab Vollendung des 35. Lebensjahrs alle zwei Jahre eine ärztliche Gesundheitsuntersuchung zur Früherkennung von Krankheiten (z.B. Diabetes, Herz-Kreislauf-Erkrankungen)
- Untersuchungen für Kinder auf Erkrankungen, die die körperliche oder geistige Entwicklung gefährden (bis Vollendung des 6. Lebensjahres) und eine Untersuchung zu Beginn der Pubertät sowie regelmäßige Vorsorgeuntersuchungen auf die Zahngesundheit.

Krankheit

Krankheit ist ein regelwidriger Zustand des Körpers, der eine Behandlung erforderlich macht. Hierbei werden die im ambulanten und stationären Bereich anfallenden Kosten gewährt, abzüglich einer Eigenbeteiligung für Untersuchungen, Behandlungen, Pflege und notwendige Arzneimittel.

Seit dem 01.01.2004 müssen Versicherte beim ersten Arztbesuch im Quartal 10 EUR (nicht bei Überweisungen) bezahlen **(sog. Praxisgebühr).** Das gilt auch in Notfällen, nicht jedoch bei Vorsorgeuntersuchungen.

Krankengeld

Bei länger als sechs Wochen dauernder Arbeitsunfähigkeit zahlt die Krankenkasse als Lohnersatz das Krankengeld, wenn einzel- oder tarifvertraglich nicht eine längere Dauer der Lohnfortzahlung vereinbart ist. Der Arbeitgeber wird damit entlastet. Das Krankengeld beträgt derzeit 70 % des Brutto-Arbeitsentgelts und wird max. 78 Wochen (inkl. Lohnfortzahlung) innerhalb von drei Jahren für dieselbe Krankheit gezahlt. Bei darüber hinaus gehender Arbeitsunfähigkeit wird die Zahlung einer Zeit- oder Dauerrente geprüft.

Bei Krankheit wird mindestens die ersten sechs Wochen der Lohn vom Arbeitgeber weiterbezahlt. Danach übernimmt die Krankenkasse die Zahlung von Krankengeld als Lohnersatz.

Rehabilitationsmaßnahmen

Die Anschlussheilbehandlungen (AHB) direkt im Anschluss an eine stationäre Heilbehandlung und die Rehabilitationsmaßnahmen sollen die Arbeits- bzw. Dienstfähigkeit erhalten bzw. wiederherstellen.

Sterbegeld

Die Krankenkasse zahlt grundsätzlich kein Sterbegeld.

Schwanger- und Mutterschaft

Bei Schwanger- und Mutterschaft wird die ärztliche Betreuung während der Schwangerschaft (Vorsorgeuntersuchungen) sowie bei und nach der Entbindung gewährt. Ferner werden die Arznei- und Hilfsmittel bezahlt, ebenso wie die Hebamme und die Pflege im Wochenbett. Außerdem besteht Anspruch auf Mutterschaftsgeld als Lohnersatz, je nach Einkommen bis zu höchstens 13 EUR pro Tag für maximal sechs Wochen vor und acht Wochen nach der Geburt (bei Mehrlings- und Frühgeburten für zwölf Wochen).

Versorgung mit Arznei-, Verband-, Heil- und Hilfsmitteln

Alle Medikamente, die nicht verschreibungspflichtig sind, müssen vom Versicherten komplett selbst bezahlt werden (Ausnahme: Kinder bis zum zwölften Lebensjahr und Jugendliche mit Entwicklungsstörungen sowie schwerwiegend Erkrankte). Für alle anderen Medikamente müssen Versicherte eine **Zuzahlung** pro Arzneimittel entrichten: 10 % des Preises, mindestens 5 EUR, maximal 10 EUR. Wenn die Kosten unter 5 % liegen, wird der tatsächliche Preis gezahlt. Seit 01.07.2006 können die Krankenkassen gemeinsam bestimmen, dass für einzelne Arzneimittel, die bestimmte Bedingungen erfüllen, keine Zuzahlung geleistet werden muss. Außerdem haben einzelne Krankenkassen seit April 2007 die Zuzahlungen für weitere Medikamente ermäßigt oder aufgehoben, wenn sie individuelle Rabattverträge mit den Herstellern abgeschlossen haben.

Für jedes Hilfsmittel müssen 10 % dazubezahlt werden, jedoch mindestens 5 EUR und maximal 10 EUR.

Für alle Zuzahlungen gilt: Die maximale Eigenbeteiligung liegt bei 2 % des Bruttojahreseinkommens (bei chronisch Kranken 1 %).

Zahnersatzleistungen

Die Krankenkasse zahlt Festzuschüsse zu den Kosten von Zahnersatz, das heißt, die Zuzahlung orientiert sich am Befund, nicht an der Behandlungsmethode.

Durch eigene Bemühungen der Versicherten zur Gesunderhaltung ihrer Zähne (regelmäßiger jährlicher Zahnarztbesuch) kann sich der Zuschuss erhöhen **(sog. Bonusregelung).**

10.1.4 Private Krankenversicherung

Die Mitgliedschaft in einer privaten Krankenversicherung ist immer freiwillig. Zu den privaten Krankenkassen gehören z.B.:

- Deutsche Krankenversicherung (DKV)
- Barmenia
- Centrale.

Prinzipiell sind alle Bürger in der gesetzlichen Krankenversicherung versicherungspflichtig. Wer bestimmte Voraussetzungen erfüllt, kann sich von der Versicherungspflicht bei den ge-

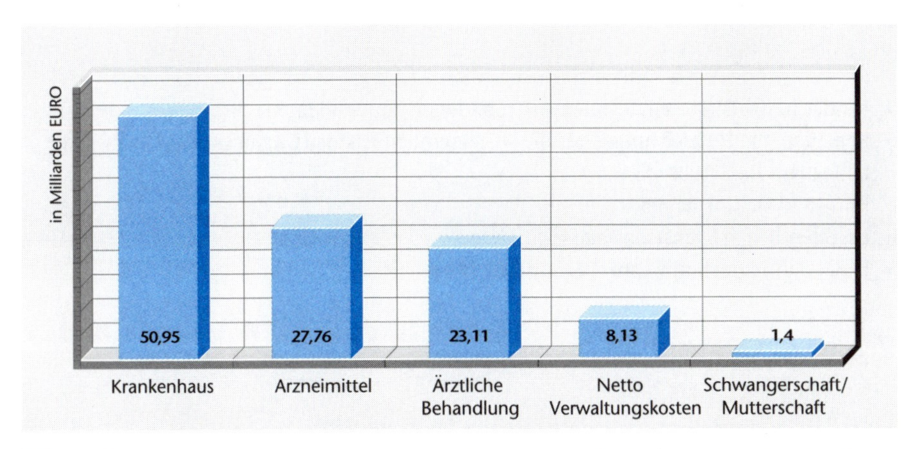

Abb. 10.2 Ausgaben der gesetzlichen Krankenversicherungen 2007 (Quelle: Gesundheitsberichterstattung des Bundes).

setzlichen Krankenversicherungen zugunsten einer privaten Krankenversicherung auf Antrag befreien lassen. Eine private **Krankenzusatzversicherung** ist immer möglich.

Voraussetzungen zur Befreiung von der gesetzlichen Krankenversicherung
- Überschreiten der Versicherungspflichtgrenze
- Antrag auf Befreiung.

Die Versicherungspflichtgrenze wird jedes Jahr aktualisiert. Bei der Berechnung der Versicherungspflichtgrenze werden zusätzliche Dienste, Weihnachts- bzw. 13. Monatsgehälter und andere Vergütungen in die Berechnung mit einbezogen.

Wenn das Gehalt die Versicherungspflichtgrenze überschreitet, kann man weiterhin „freiwillig" in der gesetzlichen Krankenversicherung versichert bleiben.

Leistungen der privaten Krankenversicherung

Die private Krankenversicherung gewährt in der Regel eine Reihe von Zusatzleistungen, z.B. Chefarztbehandlung, Zweibettzimmer, Kostenübernahme bei Zahnersatz.

Versicherung von Kindern und Ehegatten in der privaten Krankenversicherung

Während bei der gesetzlichen Krankenversicherung und bei Ersatzkassen Neugeborene, Kinder und der nicht erwerbstätige Ehepartner beim versicherten Elternteil ohne Mehrkosten mitversichert sind **(Familienversicherung)**, müssen bei den privaten Krankenversicherungen die Kinder und der Ehepartner separat versichert werden.

10.2 Unfallversicherung

Ziel der Unfallversicherung ist die Verhütung von Unfällen (Arbeitsunfälle und Berufskrankheiten) durch Vorbeugung und die soziale Absicherung bei Arbeitsunfällen.

10.2.1 Versicherte und versicherungsfreie Personen

In der Unfallversicherung sind prinzipiell alle Arbeitnehmer und eine Reihe bestimmter Personengruppen versichert.

Versicherte Personen

- Kinder in Kindergärten, Schüler, Auszubildende und Studenten
- Personen, die Hilfeleistungen für die Allgemeinheit leisten (Unglücksfälle, Hochwasser, Hilfe beim Radwechsel)
- Blut- und Organspender
- Im öffentlichen Dienst ehrenamtlich Tätige
- Feuerwehrleute, Bergwacht, Technisches Hilfswerk.

Versicherungsfreie Personen

- Beamte und Soldaten
- DRK-Schwestern (lebenslange Versorgung durch das DRK)
- Verwandte bei Tätigkeiten im Haushalt
- Ärzte, Zahnärzte, Heilpraktiker und Apotheker.

10.2.2 Leistungen der Unfallversicherung

Es gibt drei große Gruppen von Versicherungsfällen, in denen Leistungen von der Unfallversicherung erbracht werden:
- Arbeitsunfälle
- Wegeunfälle
- Berufskrankheiten.

Die Unfallversicherung zahlt bei Arbeitsunfällen, Wegeunfällen und Berufskrankheiten.

Arbeitsunfälle

Arbeitsunfälle sind plötzliche, äußere Einwirkungen, die zur Gesundheitsschädigung oder Tod führen. Voraussetzung ist die wesentliche ursächliche Verbindung mit der beruflichen oder betrieblichen Tätigkeit.

Versicherungsrelevante Arbeitsunfälle sind Unfälle/Verletzungen
- Im Rahmen eines Betriebsausfluges
- An Maschinen (z.B. Instandsetzung, Bedienung)
- Beim Betriebssport
- Auf Geschäftsfahrt.

Der Arbeitnehmer sollte einen Arbeitsunfall sofort dem Arbeitgeber melden.

Wegeunfälle

Wegeunfälle sind Unfälle, die sich auf dem direkten Weg von oder zur Arbeitsstelle ereignen, inklusive der Umwege, die bei der Bildung von Fahrgemeinschaften entstehen.

Berufskrankheit

Berufskrankheiten sind Erkrankungen, die ursächlich durch die berufliche Tätigkeit verursacht worden sind. Entschädigungspflichtig sind i. d. R. nur anerkannte Berufskrankheiten, die in der sog. **BK-Liste (Berufskrankheiten-Liste)** aufgeführt sind.

Berufskrankheiten entwickeln sich in der Regel über Jahre durch dauernde, schädigende Einwirkungen von Gasen, Druck, Staub, Lärm oder körperlich schwere Tätigkeiten in ungünstiger Haltung.

Jeder Arzt ist bereits bei Verdacht auf eine Berufskrankheit verpflichtet, die zuständige Versicherung zu informieren.

Die Unfallversicherung erbringt im Versicherungsfall Leistungen bis zur Wiederherstellung der Erwerbsfähigkeit. Der Arbeitgeber ist im Versicherungsfall verpflichtet, die Gewerbliche Berufsgenossenschaft (BG) innerhalb von drei Tagen zu informieren.

Leistungen der Unfallversicherung

- Heilbehandlung (stationär oder ambulant) inkl. der notwendigen Arznei- und Hilfsmittel
- Rehabilitationsmaßnahmen
- Berufshilfe: Umschulungen, Anpassung der Fähigkeiten an die Arbeitssituation nach einem Unfall
- Übergangsgeld: Geld, das während der Zeit, in der die Berufshilfe läuft, ausbezahlt wird
- Verletztengeld: (entspricht im Wesentlichen dem Krankengeld)
- Verletztenrente bei Minderung der Erwerbsfähigkeit (MdE): ab 20 % MdE (Höhe richtet sich nach dem Grad der MdE und dem Verdienst vor dem Arbeitsunfall)
- Hinterbliebenenrente (an Eltern, Witwen und Waisen).

Für eine schnelle, sachgemäße Heilbehandlung nach einem Unfall sind die **Durchgangsärzte (D-Ärzte)** zuständig, meist Unfallchirurgen. Der D-Arzt ist von den Berufsgenossenschaften bestellt und entscheidet über die Weiterbehandlung nach einem Unfall.

10.2.3 Träger der Unfallversicherung

Träger der Unfallversicherung sind die:

- Gewerblichen Berufsgenossenschaften (BG)
- Eigenunfallversicherungsträger (Bund, Länder, Gemeinden und Feuerwehr)
- Landwirtschaftliche- und Seeberufsgenossenschaften.

Mitglieder der Unfallversicherung sind die Unternehmen (z.B. Firmen, Krankenhäuser etc.) bzw. die Unternehmer. Die Angestellten und Arbeiter des jeweiligen Unternehmens sind keine Mitglieder der Unfallversicherungsträger, wohl aber am Aufbau und der Organisation des Versicherungsträgers beteiligt.

Die Hauptaufgabe der Unfallversicherungsträger ist die Verhütung von Arbeitsunfällen.

10.2.4 Vorsorgemaßnahmen der Unfallversicherungsträger

Die Unfallversicherungsträger erbringen nicht nur Leistungen im Versicherungsfall, sondern treffen weitreichende Maßnahmen zur Verhinderung von Arbeitsunfällen und Verhütung von Berufskrankheiten:

- Einsetzen eines Technischen Aufsichtsdienstes
- Formulierung und Erlass von Unfallverhütungsvorschriften
- Durchführen von Betriebsbesichtigungen zwecks Überwachung der Unfallverhütungsvorschriften, Kontrolle von Arbeitsstoffen auf Gefährlichkeit
- Schulungen der Personen, die mit Arbeitsschutz und Unfallverhütung vom Betrieb beauftragt sind.

Die Unfallverhütungsvorschriften sind von allen Beschäftigten eines Betriebes zu beachten.

10.3 Rentenversicherung

Die Rentenversicherung gewährt Rentenzahlungen nach Erreichen der Altersgrenze (Altersrente), bei vorzeitigem Ausscheiden aus dem Erwerbsleben (Renten wegen verminderter Erwerbsfähigkeit) und nach dem Tod (Hinterbliebenenrente für Witwen, Waisen oder Halbwaisen).

Bei Arbeitern und Angestellten werden die Beiträge zur Rentenversicherung je zur Hälfte von Arbeitgeber und Arbeitnehmer getragen. Selbstständige Personen können sich freiwillig versichern, zahlen dann aber den vollen Beitrag. Geleistete Beiträge werden im EDV-Verfahren mit Jahresbescheinigung nachgewiesen und vom Arbeitgeber überwiesen. Schuldner der Beiträge ist der Arbeitnehmer.

10.3.1 Versicherte Personen

Pflichtversichert in der Rentenversicherung sind alle Arbeitnehmer, die mehr als nur geringfügig beschäftigt sind.

Pflichtversichert sind auch selbstständig Tätige, die keinen versicherungspflichtigen Arbeitnehmer beschäftigen, dessen Lohn regelmäßig im Monat 400 EUR übersteigt und die regelmäßig und im Wesentlichen nur für einen Auftraggeber tätig sind.

Als geringfügig beschäftigt gilt

- Wer weniger als 15 Stunden/Woche arbeitet und im Monat nicht mehr als 400 EUR verdient
- Wer eine Tätigkeit nur als Aushilfstätigkeit nicht länger als zwei Monate oder 50 Arbeitstage ausübt (z.B. Ferienjob).

Versicherungsfrei bzw. freiwillig versichert sind z.B.

- Selbstständige (bis auf einige Ausnahmen)
- Beamte (Altersversorgung über Pensionsanspruch).

10.3.2 Leistungen der Rentenversicherung

Die Rentenversicherung sichert die Altersversorgung, erbringt Leistungen bei vorzeitigem Ausscheiden aus dem Berufsleben und schützt im Todesfall die Hinterbliebenen.

Voraussetzungen für einen Rentenbezug

Wichtigste Voraussetzung für den Bezug einer Rente ist die Erfüllung der sog. Anwartschaftszeit. Es müssen mindestens 60 Monate Beitragszahlung für den Bezug der Alters-, Berufsunfähigkeits- und Erwerbsunfähigkeitsrente geleistet worden sein.

Altersrente

Nach dem regulären Ausscheiden aus dem Erwerbsleben zahlen die Träger der Rentenversicherung die Altersrente aus. Die Altersgrenze liegt derzeit bei 65 Jahren. Die Regelaltersgrenze wird vom Jahr 2012 an bis zum Jahr 2029 stufenweise vom 65. auf das 67. Lebensjahr angehoben.

Renten wegen verminderter Erwerbsfähigkeit

Am 01.01.2001 trat das Gesetz zur Reform der Renten wegen verminderter Erwerbsfähigkeit in Kraft. Es wurde die bisherige Aufteilung der Renten wegen verminderter Erwerbsfähigkeit in Berufs- und Erwerbsunfähigkeitsrenten durch eine zweistufige Erwerbsminderungsrente ersetzt.

Rente wegen teilweiser Erwerbsminderung

Teilweise erwerbsgemindert sind Versicherte, die wegen Krankheit oder Behinderung weniger als sechs Stunden, aber mehr als drei Stunden auf dem allgemeinen Arbeitsmarkt tätig sein können. Der Versicherte erhält dann eine halbe Erwerbsminderungsrente oder Rente wegen voller Erwerbsminderung (bei Arbeitslosigkeit).

Rente wegen voller Erwerbsminderung

Voll erwerbsgemindert sind Versicherte, die wegen Krankheit oder Behinderung weniger als drei Stunden auf dem allgemeinen Arbeitsmarkt tätig sein können. Die Rente wegen voller Erwerbsminderung wird in Höhe einer Altersrente gezahlt.

Rente wegen teilweiser Erwerbsminderung bei Berufsunfähigkeit

Versicherte, die mit Inkrafttreten der Reform das 40. Lebensjahr vollendet haben, haben weiterhin einen Anspruch auf Teilrente wegen Berufsunfähigkeit. Sie erhalten eine halbe Erwerbsminderungsrente, wenn sie auf dem allgemeinen Arbeitsmarkt zwar voll, also mindestens sechs Stunden täglich, in ihrem bisherigen Beruf aber nur noch unter sechs Stunden täglich arbeiten können.

Hinterbliebenenrente

Bei Tod des Versicherten erhalten die Hinterbliebenen:

- Witwen- oder Witwerrente (der überlebende Ehegatte, wobei eigene Einkünfte zum Teil auf die Rente angerechnet werden)
- Waisen- oder Halbwaisenrente (Kinder des Verstorbenen bis zum 18. Lebensjahr, bei Berufsausbildung bis zum 27. Lebensjahr).

Die Höhe der Rentenbezüge wird nach bestimmten Kriterien errechnet und festgelegt (Rentenformel). Sie hängt vor allem von der Beitragshöhe und -dauer ab.

10.3.3 Träger der Rentenversicherung

Seit dem 01.10.2005 hat sich die Organisation der Rentenversicherung verändert. Die frühere Trennung zwischen Arbeiter- und Angestelltenversicherung ist aufgehoben worden. Die Träger der Rentenversicherung sind unterteilt in **Bundesträger** und **Regionalträger.**

Bundesträger sind die Deutsche Rentenversicherung Bund sowie die Deutsche Rentenversicherung Knappschaft-Bahn-See. Regionalträger ist z.B. die „Deutsche Rentenversicherung Westfalen“.

10.4 Arbeitslosenversicherung

Die Arbeitslosenversicherung soll eine Absicherung des Arbeitnehmers im Fall der Arbeitslosigkeit gewährleisten, aber auch Arbeitslosigkeit vermeiden. Arbeitgeber und Arbeitnehmer zahlen jeweils die Hälfte der Beiträge zur Arbeitslosenversicherung.

10.4.1 Versicherte Personen

Versichert sind alle gegen Entgelt tätigen Arbeitnehmer. Nicht versichert sind u. a.:
- Geringfügig Beschäftigte
- Kurzfristig beschäftigte Arbeitnehmer
- Arbeitnehmer nach dem 63. Lebensjahr.

10.4.2 Träger der Arbeitslosenversicherung

Träger der Arbeitslosenversicherung ist die **Bundesagentur für Arbeit.**

10.4.3 Leistungen der Arbeitslosenversicherung

Die Arbeitslosenversicherung erbringt Leistungen in folgenden Fällen:
- Arbeitslosigkeit
- Kurzarbeit
- Insolvenz des Arbeitgebers (Insolvenzgeld aus einem eigenen Fond, der von den Arbeitgebern gespeist wird).

Arbeitslosengeld

Das Arbeitslosengeld ist die wichtigste Leistung der Arbeitslosenversicherung. Arbeitslosengeld erhält ein Arbeitnehmer, der in keinem Beschäftigungsverhältnis steht.

Voraussetzungen
- Arbeitslosigkeit
- Erfüllen der Anwartschaftszeit (360 Arbeitstage)
- Meldung der Arbeitslosigkeit bei der Agentur für Arbeit und zur Verfügungstellung für eine Vermittlung.

Höhe des Arbeitslosengeldes
- 60 % des letzten Nettolohnes
- 67 % bei mindestens einem Kind.

Das Arbeitslosengeld beträgt 60 – 67 % des letzten Nettoarbeitslohns.

Dauer des Bezugs
Die Bezugsdauer des Arbeitslosengeldes ist abhängig vom Lebensalter und der beitragspflichtigen Beschäftigungszeit:
- Sechs Monate (165 Tage)
- Bis zu 24 Monate bei langfristig Beschäftigten, älteren Personen.

Arbeitslosengeld wird nicht gewährt, wenn
- Krankengeld bezahlt wird
- Die Arbeitslosigkeit grob fahrlässig verschuldet ist
- Die von der Agentur für Arbeit angebotenen Stellen oder Fortbildungen ignoriert werden
- Das 65. Lebensjahr vollendet ist (dann Bezug von Altersrente).

Arbeitslosengeld II

Das Arbeitslosengeld II ist keine Versicherungsleistung, sondern eine Sozialleistung. Sie wird aus Steuermitteln finanziert.

Voraussetzungen zum Bezug von Arbeitslosengeld II
- Arbeitslosigkeit
- Unverzügliche Meldung der Arbeitslosigkeit
- Kein Anspruch auf Arbeitslosengeld (da z.B. die Anwartschaft nicht erfüllt ist)
- Hilfebedürftigkeit
- Alter zwischen 15 und 64 Jahren.

Die Bezüge betragen zurzeit 351 EUR pro Monat für einen Alleinstehenden.

Das Arbeitslosengeld II ist keine Versicherungs-, sondern eine Sozialleistung.

Kurzarbeit

Bei Kurzarbeit werden von der Arbeitslosenversicherung Lohnausgleichszahlungen gewährt.

Insolvenzgeld

Ausgleichszahlungen für die letzen drei Monate vor Eröffnung des Insolvenzverfahrens. Einzahlungen hierfür leisten die Arbeitgeber alleine in einen separaten Fond. Nach Eröffnung des Insolvenzverfahrens anfallende Arbeitsentgelte sind als sog. **Masseschulden** vorab aus der Masse zu befriedigen.

Arbeitsförderungsmaßnahmen

Zuschüsse für den Arbeitgeber bei Einstellung eines Langzeitarbeitslosen.

10.5 Pflegeversicherung

Zum 01.01.1995 wurde die Pflegeversicherung als neuer Eckpfeiler der sozialen Sicherung eingeführt. Sie war notwendig geworden, nachdem durch die steigende Lebenserwartung und den medizinischen Fortschritt die Anzahl der pflegebedürftigen Personen stark angestiegen war. Die damit verbundenen Kosten waren für die Angehörigen, Städte und Gemeinden untragbar geworden.

Die Beiträge zur Pflegeversicherung werden zur Hälfte von den Arbeitgebern und zur Hälfte von den Arbeitnehmern bezahlt. Zur Entlastung der Arbeitgeber wurde der Buß- und Bettag als Feiertag abgeschafft. In Ländern, in denen dies nicht geschah (Sachsen), trägt der Arbeitnehmer einen größeren Teil des Beitrags.

10.5.1 Versicherte Personen

Jeder, der in der gesetzlichen Krankenversicherung versichert ist, ist Pflichtmitglied in der gesetzlichen Pflegeversicherung. Jeder, der privat krankenversichert ist, muss Pflichtmitglied in einer privaten Pflegeversicherung, in der Regel bei seiner privaten Krankenversicherung, werden.

Bei der Pflegeversicherung gibt es nur pflichtversicherte und privat versicherungspflichtige Personen.

10.5.2 Pflegebedürftigkeit

Die Pflegeversicherung zahlt Leistungen im Falle der Pflegebedürftigkeit. Pflegebedürftig ist, wer voraussichtlich für eine Dauer von wenigstens sechs Monaten aufgrund körperlicher, seelischer oder geistiger Krankheit oder Behinderung für die gewöhnlichen oder wiederkehrenden Verrichtungen des täglichen Lebens in wenigstens erheblichem Maße der Hilfe bedarf.

Die Pflegebedürftigkeit ist in drei **Pflegestufen** eingeteilt. Die Einstufung erfolgt durch den medizinischen Dienst der Pflegekassen.

Pflegestufe I

Bei Pflegestufe I liegt eine **erhebliche Pflegebedürftigkeit** vor. Bei zwei der drei folgenden Tätigkeiten wird einmal am Tag Hilfe benötigt:
- Körperpflege
- Ernährung
- Mobilität (z.B. Aufstehen, Anziehen, Gehen, Treppensteigen).

Ebenfalls muss Hilfe bei der hauswirtschaftlichen Versorgung wie Einkäufe, Wäsche oder Wohnungsreinigung notwendig sein.

Pflegestufe II

Personen der Pflegestufe II sind **schwerpflegebedürftig.** Es gelten die gleichen Kriterien wie bei Stufe I, allerdings muss dreimal am Tag für einen der Bereiche Körperpflege, Ernährung und Mobilität zu verschiedenen Zeiten Hilfe notwendig sein und mehrfach in der Woche hauswirtschaftliche Hilfe gewährt werden.

Pflegestufe III

Die höchste Pflegestufe umfasst **schwerstpflegebedürftige** Personen, die 24 Stunden am Tag Hilfe für einen der Bereiche Körperpflege, Ernährung und Mobilität nebst hauswirtschaftlicher Betreuung benötigen.

10.5.3 Leistungen der Pflegeversicherung

Grundsätzlich gewährt die Pflegeversicherung Sachleistungen und Pflegegeld. Beide Leistungen können kombiniert oder einzeln geleistet werden.

Sachleistungen

Sachleistungen werden in Abhängigkeit von der Pflegestufe bis zu folgender Höhe übernommen (Stand 2009):
- Pflegestufe I: 420 EUR/Monat
- Pflegestufe II: 980 EUR/Monat
- Pflegestufe III: 1 470 EUR/Monat, in besonderen Fällen bis zu 1 918 EUR.

Pflegegeld

Wenn die Angehörigen die Pflege des Bedürftigen selbst übernehmen, wird Pflegegeld gezahlt:
- Pflegestufe I: 215 EUR/Monat
- Pflegestufe II: 420 EUR/Monat
- Pflegestufe III: 675 EUR/Monat.

Sachleistungen und Pflegegeld können auch kombiniert werden, werden dann aber nur anteilig ausbezahlt.

Sonderregelungen

Bei Ausfall der pflegenden Angehörigen durch Urlaub oder Krankheit kann für vier Wochen im Jahr eine sog. **Kurzzeitpflege** im Wert von 1 470 EUR wahrgenommen werden. Für besondere häusliche Einrichtungen (z.B. spezielle Toiletten oder Schlafgelegenheiten) werden Zuschüsse bis 2 557 EUR gewährt.

10.6 Sozialhilfe

Das Sozialhilferecht ist im **Sozialgesetzbuch XII** geregelt. Es handelt sich bei der Sozialhilfe um materielle Hilfe bei Bedürftigkeit (d. h. Unfähigkeit zur Selbsthilfe) zur Erhaltung einer menschenwürdigen Lebensführung. Träger der Sozialhilfe sind die Landkreise, kreisfreien Städte und Bezirke. Die Finanzierung erfolgt aus Steuermitteln.

Auf Sozialhilfe besteht Rechtsanspruch. Es müssen keine Vorleistungen in Form von Beiträgen erbracht worden sein.

10.6.1 Leistungen der Sozialhilfe

Sozialhilfe wird auf Antrag gewährt. Die Sozialhilfe umfasst die Bereiche:
- Hilfe zum Lebensunterhalt
- Grundsicherung im Alter und bei Erwerbsminderung
- Hilfen zur Gesundheit
- Eingliederungshilfe für behinderte Menschen
- Hilfe zur Pflege
- Hilfe zur Überwindung besonderer sozialer Schwierigkeiten
- Hilfe in anderen Lebenslagen
- Sowie die jeweils gebotene Beratung und Unterstützung.

Gewährt werden können
- Geldleistungen (z.B. Bestattungskosten)
- Sachleistungen (Beschaffung von Brennstoffen für Heizung, Lernmittel für Schüler, Hausratinstandsetzung)
- Persönliche Hilfen (z.B. Beratung, Vermittlung).

Die Sozialhilfe beginnt am Tage des Bekanntwerdens der Notlage und beschränkt sich auf die nachfolgende Zeit. Sozialarbeiter (z.B. im Krankenhaus) kümmern sich um Probleme der Patienten z.B. bezüglich anschließender Heilbehandlungen oder Kuren.

Grundsatz der Sozialhilfe ist die **Nachrangigkeit.** Dies bedeutet, dass alle anderen Leistungen zuerst ausgeschöpft werden müssen. Unterhaltsverpflichtete werden grundsätzlich, notfalls mit gerichtlicher Hilfe, zur Erstattung herangezogen.

Tab. 10.1 Soziale Sicherung

Versicherung	Träger	Finanzierung	Abgesicherte Bereiche
Krankenversicherung	Gesetzliche Krankenkassen, Private Krankenkassen	Ca. 53 % Arbeitnehmer; 47 % Arbeitgeber	Krankheit, Vorsorgeuntersuchungen, Früherkennung, Schwangerschaft, Mutterschaft
Unfallversicherung	Berufsgenossenschaften, Eigenunfallversicherungsträger	100 % Arbeitgeber	Arbeitsunfälle, Wegeunfälle, Berufskrankheiten
Rentenversicherung	Bundesträger (Deutsche Rentenversicherung) und Regionalträger	50 % Arbeitnehmer; 50 % Arbeitgeber	Altersrente, Berufsunfähigkeit, Verminderte Erwerbsfähigkeit, Hinterbliebenenversorgung
Arbeitslosenversicherung	Bundesagentur für Arbeit	50 % Arbeitnehmer; 50 % Arbeitgeber	Arbeitslosigkeit
Pflegeversicherung	Pflegekassen	50 % Arbeitnehmer; 50 % Arbeitgeber	Pflegebedürftigkeit
Sozialhilfe	Landkreise, Kreisfreie Städte, Bezirke	Steuergelder	Keine Möglichkeit, aus eigener Kraft den Lebensunterhalt zu bestreiten

10.7 Andere wichtige Sozialgesetze

Neben dem Bundessozialhilfegesetz, das die Sozialhilfe regelt, gibt es noch eine Reihe weiterer Gesetze und Bestimmungen, die für die soziale Sicherung in Deutschland sorgen:

- **Bundeserziehungsgeldgesetz**
- **Bundeskindergeldgesetz**
- **Kinder- und Jugendhilfegesetz**
- **Opferentschädigungsgesetz**
- **Wohngeldgesetz.**

KAPITEL

11 Staatsrechtliche Grundlagen

Die Entwicklung der staatlichen Ordnung in Deutschland wurde in jüngerer Zeit maßgeblich durch den Zweiten Weltkrieg und seine Folgen bestimmt. Die wesentlichen Stationen waren die Teilung Deutschlands 1949 und die Wiedervereinigung 1990.

11.1 Historische Entwicklung Deutschlands

11.1.1 Weimarer Republik und Nationalsozialismus

Die politisch instabile Weimarer Republik (1919 – 1933) erlebte die Zeit der „Goldenen Zwanziger Jahre" (1923 – 1925) ebenso wie die Weltwirtschaftskrise (1929). Im Jahr 1933 übernahm Adolf Hitler die Macht, wodurch die Nationalsozialisten (NSDAP) mit ihren Gliederungen den Werdegang Deutschlands bestimmten, der in den Zweiten Weltkrieg (1939 – 1945) mündete. Nachdem Deutschland den Krieg verloren hatte, gingen die Regierungsgeschäfte nur langsam wieder in deutsche Verantwortung über.

11.1.2 Besatzungszeit bis zur Gründung der Bundesrepublik

Nach der Kapitulation der Wehrmacht am 08.05.1945 wurde das Deutsche Reich in vier **Besatzungszonen** (Amerikanisch, Britisch, Französisch, Sowjetisch) aufgeteilt.

Im August 1948 tagte auf Schloss Herrenchiemsee ohne sowjetische Beteiligung ein Verfassungskonvent. Am 08.05.1949 wurde die neue Verfassung Deutschlands, das **Grundgesetz,** angenommen. Es wurde am 23.05.1949 verkündet und trat am 24.05.1949 in Kraft.

Lediglich der Bayerische Landtag lehnte diese Verfassung als zu zentralistisch ab. Sie wurde in Bayern deshalb auf Befehl der amerikanischen Besatzungsmacht eingeführt.

11.1.3 Teilung Deutschlands

Von Dezember 1947 bis Mai 1949 tagte in der sowjetisch besetzten Zone der „Deutsche Volksrat", der die ausgearbeitete Verfassung am 30.05.1949 vom „Volkskongress" billigen ließ. Nach Genehmigung durch die Militäradministration trat diese „Verfassung" am 07.10.1949 durch Gesetz in Kraft.

Damit zerfiel Deutschland in einen West- (Bundesrepublik Deutschland – BRD) und einen Ostteil (Deutsche Demokratische Republik – DDR). Berlin als ehemalige Hauptstadt des Deutschen Reiches blieb in vier Sektoren geteilt und war keinem Staat zugeordnet.

Ab dem 13.08.1961 wurde die Mauer gebaut, die die beiden deutschen Staaten trennte.

Am 08.11.1989 öffnete die DDR, bedingt durch den immer stärker werdenden Druck aus der Bevölkerung, mit Billigung der Sowjetunion die Grenze zu Westdeutschland.

11.1.4 Wiedervereinigung Deutschlands

Durch die zunehmende Annäherung zwischen Ost und West, die maßgeblich auf Michail Gorbatschow zurückzuführen war, und unter dem Druck der Bevölkerung in Ostdeutschland und der Bundesregierung in Westdeutschland wurde die Wiedervereinigung ermöglicht. Bereits 1990 wurde zwischen der DDR und der Bundesrepublik ein Staatsvertrag über den Beitritt geschlossen.

Ab dem 01.07.1990 galten das Sozialsystem und die Deutsche Mark auch im Gebiet der ehemaligen DDR. Berlin (West) gehörte ebenfalls ab dem 01.07.1990 uneingeschränkt zum Hoheitsgebiet der Bundesrepublik.

Durch den Beitritt der ehemaligen DDR in den Geltungsbereich des Grundgesetzes wurde dann am 03.10.1990 die Wiedervereinigung endgültig vollzogen. Die ersten gesamtdeutschen Wahlen fanden am 02.12.1990 statt.

Die deutsche Wiedervereinigung wurde am 03.10.1990 vollzogen (Tag der deutschen Einheit).

11.2 Grundbegriffe des Staatsrechts

Ein **Staat** entsteht durch das Zusammenspiel von Staatsvolk, Staatsgebiet und Staatsgewalt (Organisation der Herrschaft). Zweck des Staates ist die Förderung des Gemeinwohls und der Schutz seiner Bürger.

11.2.1 Staatsvolk

Das Staatsvolk ist eine organisierte Gemeinschaft von Menschen, die den Staat bilden und durch das Band der Staatsangehörigkeit verbunden sind.
Für die **Staatsangehörigkeit** gibt es zwei Prinzipien:

- Jus sanguinis = Abstammungsprinzip. Die Staatsangehörigkeit leitet sich von der Staatsangehörigkeit der Eltern ab
- Jus soli = Territorialprinzip. Wer auf dem Gebiet des Staates geboren wurde, erhält auch die Staatsangehörigkeit, unabhängig von der Staatsangehörigkeit der Eltern.

In Deutschland galt lange Zeit das Reichs- und Staatsangehörigkeitsgesetz von 1913 mit seinen Änderungen. Es gründet sich auf dem Abstammungsprinzip. Seit dem 01.01.2000 gibt es in Deutschland ein neues **Staatsangehörigkeitsrecht.** Danach erwirbt (in Abweichung vom Abstammungsprinzip) ein Kind auch dann die deutsche Staatsangehörigkeit, wenn es in Deutschland geboren wurde und ein Elternteil seit acht Jahren rechtmäßig seinen Aufenthalt im Inland hat. Das kann zeitweilig zu einer doppelten Staatsangehörigkeit führen. Bis zum 18. Lebensjahr muss sich das Kind dann entscheiden, welche Staatsangehörigkeit es behalten will. Will es die deutsche Staatsangehörigkeit behalten, muss es die ausländische aufgeben. Unter bestimmten Voraussetzungen (lange wohnhaft, in Deutschland geboren) kann die deutsche Staatsangehörigkeit auch durch Einbürgerung oder Adoption erworben werden.

11.2.2 Staatsgebiet

Ein Staatsgebiet ist ein abgegrenzter Bereich der Erde, der dem Staatsvolk durch Anerkennung oder lang dauernde tatsächliche Herrschaft zugeordnet ist.

11.2.3 Staatsgewalt

Die Staatsgewalt ist die ursprüngliche, höchste und ausschließliche Herrschaftsgewalt des Staates. Sie erstreckt sich räumlich auf das gesamte Staatsgebiet, auf fast alle darin lebenden Personen und die eigenen Staatsangehörigen im Ausland.
Die Ausübung der Staatsgewalt soll nach den Grundsätzen eines modernen Staates aufgeteilt werden in:

- Legislative: gesetzgebende Gewalt
- Exekutive: ausführende Gewalt
- Judikative: richterliche Gewalt.

11.3 Staatsformen

Es gibt in der Welt verschiedene Staatsformen. Man unterscheidet prinzipiell die **Einherrschaft** von der **Vielherrschaft.** Eine andere mögliche Einteilung richtet sich nach der Staatsform und der verfassungsmäßigen Regierungsform.

11.3.1 Einherrschaft

Bei der Einherrschaft übt ein Einzelner die Macht über das Volk aus, z.B. bei der **Diktatur** und der **Monarchie.** Bei der Diktatur wird die Macht selbst erobert, bei der Monarchie durch Erbfolge oder Wahl bestimmt.

11.3.2 Vielherrschaft

In den meisten Ländern herrschen Formen der Vielherrschaft, wie die **Demokratie**, bei der das Volk in seiner Gesamtheit die Macht ausübt. Ebenso kann aber Vielherrschaft auch die Herrschaft eines Standes (Aristokratie = Adelsherrschaft), einer Partei oder auch einer gesellschaftlichen Gruppe (Militär) bedeuten, wobei hier die Übergänge zur Diktatur fließend sind.

Formen der Demokratie (Volksherrschaft)

Die Demokratie lässt sich weiter untergliedern in eine:

- **Parlamentarische Demokratie** (Parlamentarismus): Das Volk wählt eine Volksvertretung, die dann die Regierungsgewalt ausübt (z. B. Parlamente in Deutschland)
- **Präsidialdemokratie:** Das Volk wählt den Staatspräsidenten, der die Regierungsgewalt ausübt (z. B. Präsident in den USA).

Der Begriff **Republik** bezeichnet einen demokratischen Staat. Bei der demokratischen Republik ist der Grundgedanke die Volksherrschaft, wonach alle Gewalt vom Volke ausgeht.

11.3.3 Staatsform in Deutschland

In Deutschland ist die Regierungsform eine **parlamentarische repräsentative Demokratie.** Das Volk bestimmt in freien und geheimen Wahlen seine Vertreter im Parlament, die dann das Volk repräsentieren.

Wahlen erfolgen aufgrund des geltenden Wahlrechts durch **Mehrheitswahl** (in jedem Wahlbezirk siegt der Kandidat, der die meisten Stimmen bekommt) oder **Verhältniswahl** (die Sitze im Parlament werden nach dem Verhältnis der Stimmen vergeben, die die einzelnen Gruppierungen bei der Wahl erhalten).

Die Gliederung Deutschlands in Bund und Länder **(Föderalismus)** soll den Machtmissbrauch einer zu starken Zentralgewalt verhindern. Entscheidungen in einem föderalistischen Regierungssystem bedürfen vor der Endabstimmung in den Parlamenten der Diskussion und Abstimmung in Ausschüssen und Gremien. Dies ist ein Verfahren, in dem auch drängende Beschlüsse und Entscheidungen sich häufig länger hinauszögern.

11.4 Grundgesetz

Das Grundgesetz (GG) stellt die rechtliche Grundordnung der Bundesrepublik Deutschland dar. Es regelt Aufgabe und Organisation des Staates, beschreibt das Verhältnis zwischen Staat und Bürgern und hat damit die Funktion einer **Verfassung.**

Das Grundgesetz stellt die rechtliche Grundordnung in Deutschland dar.

11.4.1 Aufbau des Grundgesetzes

Das GG gliedert sich in folgende Hauptabschnitte mit einer weiteren Unterteilung in insgesamt 146 Artikel. Hauptabschnitte sind z.B.:

- Präambel
- Grundrechte
- Bund und Länder
- Bundestag
- Bundesrat
- Bundespräsident
- Bundesregierung.

11.4.2 Präambel

Nachdem die Wiedervereinigung am 03.01.1990 erreicht wurde, änderte sich der Wortlaut der Präambel (lat. für Einleitung, Vorrede): „Die Deutschen in den Ländern Baden-Württemberg, Bayern, Berlin, Brandenburg, Bremen, Hamburg, Hessen, Mecklenburg-Vorpommern, Niedersachsen, Nordrhein- Westfalen, Rheinland-Pfalz, Saarland, Sachsen, Sachsen-Anhalt, Schleswig-Holstein und Thüringen haben in freier Selbstbestimmung die Einheit und Freiheit Deutschlands vollendet. Damit gilt das Grundgesetz für das gesamte Deutsche Volk".

11.4.3 Grundrechte

Grundrechte sind staatsrechtlich verbürgte Freiheits- und Unverletzlichkeitsrechte des Einzelnen. Grundrechte binden Gesetzgebung, Verwaltung und Rechtsprechung. So darf z. B. kein Gesetz erlassen werden, das gegen die Grundrechte verstößt. Die Grundrechte dienen zudem als Schutz des Einzelnen gegenüber dem Staat. Die Grundrechte teilen sich auf in Bürger- und Menschenrechte. **Bürgerrechte** stehen nur deutschen Staatsbürgern zu, **Menschenrechte** gelten für jeden Menschen.

Tab. 11.1 Wichtige Grundrechte (Beispiele)

Art. 1 GG	Schutz der Menschenwürde
Art. 2 GG	Recht auf freie Entfaltung der Persönlichkeit und Recht auf Leben und körperliche Unversehrtheit, Freiheit der Person
Art. 3 GG	Gleichheit vor dem Gesetz, Gleichberechtigung von Mann und Frau
Art. 4 GG	Glaubens- und Gewissensfreiheit, Kriegsdienstverweigerungsrecht
Art. 5 GG	Meinungs-, Informations- und Pressefreiheit, Freiheit von Kunst, Wissenschaft, Forschung und Lehre
Art. 6 GG	Gleichstellung ehelicher und nicht ehelicher Kinder
Art. 8 GG	Versammlungsfreiheit
Art. 12 GG	Recht auf freie Berufswahl

11.4.4 Einschränkung der Grundrechte

Unter bestimmten Umständen können die Grundrechte eingeschränkt werden.
Häufig betroffen sind z.B.:

- Versammlungs- und Vereinigungsfreiheit (z.B. bei nicht genehmigten Demonstrationen)
- Asylrecht (z.B. bei kriminellen Handlungen der Asylbewerber)
- Brief-, Post- und Fernmeldegeheimnis (z.B. Überwachung wegen Straftat).

Ihre Schranken werden oftmals durch die Gesetze bestimmt. Die Ausübung eines Grundrechts erfährt immer dort seine Grenzen, wo es einen anderen in seinen Grundrechten verletzen würde.

Grundrechte können bei Gefährdung Einzelner oder des Staates eingeschränkt werden.

11.4.5 Menschenrechte

Menschenrechte sind angeborene und unantastbare Rechte und Freiheiten des Einzelnen, unabhängig von der Staatsform.

Den Grundstein der Menschenrechte legte im Mittelalter die „**Magna Charta**“ aus dem Jahr 1215 (altenglisches Grundgesetz). Im 20. Jahrhundert wurden dann mehrere wichtige, international gültige Resolutionen zum Schutz der Menschenrechte verfasst:

- UNO Menschenrechtsdeklaration (1948)
- Europäische Menschenrechtskonvention (1950)
- Teile der KSZE-Schlussakte von Helsinki (1975).

In Deutschland sind die Menschenrechte im Grundgesetz festgeschrieben.

Verschiedene Organisationen haben den Schutz der Menschenrechte zum Ziel, z.B. die „Vereinten Nationen“ (UNO). Diese Organisationen sind aktiv darum bemüht, die Verletzung der Menschenrechte (z.B. Folter, Unterdrückung, kulturelle Umerziehung) öffentlich anzuprangern und die jeweiligen Verursacher zum Einhalten der Menschenrechte zu veranlassen.

11.4.6 Grundpflichten

Im Grundgesetz sind nicht nur die Grundrechte festgeschrieben, sondern auch Pflichten. Unser Grundgesetz kennt allerdings nur wenige Grundpflichten der Staatsbürger:

- Sozialpflichtigkeit des Eigentums (Art. 14 GG)
- Wehrpflicht
- Steuerpflicht.

Die **Sozialpflichtigkeit** des Eigentums betrifft das Eigentum eines jeden Einzelnen. Näheres ist insbesondere in den Enteignungsgesetzen, dem Landbeschaffungsgesetz und dem Bundesleistungsgesetz geregelt.

Die **Wehrpflicht** betrifft nur den männlichen Teil der Bevölkerung. Seit dem 01.12.2000 dürfen Frauen jedoch freiwilligen Dienst an der Waffe ausüben.

Die **Steuerpflicht** beinhaltet, dass jeder zur Erfüllung von Staatsaufgaben seinen Anteil nach seinen Kräften beitragen muss. Näheres regelt die umfangreiche Steuergesetzgebung.

11.5 Parteien

Unter Parteien versteht man in der Politik Vereinigungen einer größeren Anzahl von Bürgern zur Durchsetzung bestimmter politischer Ziele. Die Stellung der Parteien ist im Grundgesetz (Art. 21) als verfassungsrechtlich notwendiger Bestandteil der freiheitlich demokratischen Grundordnung festgeschrieben. Rechtlich gesehen handelt es sich bei Parteien um Personenvereinigungen mit besonderem Status.

Ziel einer Partei ist die Mitwirkung an der Regierung, um dort ihre Vorstellungen durchzusetzen und zu verwirklichen. Parteien, die nicht an der Regierungsbildung beteiligt sind, befinden sich in der **Opposition.**

11.5.1 Fünfprozentklausel

Um im Bundestag vertreten zu sein, muss eine Partei mindestens 5 % der Stimmen erreicht haben. Diese sog. „Fünfprozentklausel" soll eine Zersplitterung der Parteienlandschaft verhindern und damit die Regierungsfähigkeit erhalten. Die Klausel gilt nicht, wenn eine Partei drei Direktmandate in den Wahlkreisen gewinnt.

Die Fünfprozentklausel verhindert, dass Kleinstparteien in den Bundestag einziehen.

11.5.2 Parteienfinanzierung

Die Parteien werden über die Beiträge der Mitglieder, Spenden und die Wahlkampfkostenerstattung des Staates finanziert. Durch die staatliche Finanzierung sollen die Parteien von Spendern unabhängiger werden. Die **Wahlkampfkostenerstattung** richtet sich dabei nach den bei der Wahl erhaltenen Stimmen.

11.5.3 Parteien im Bundestag

Im 16. Bundestag (Wahl 2005) sind folgende Parteien vertreten:

- Bündnis 90/Die Grünen: 51 Abgeordnete
- CDU – Christlich Demokratische Union/CSU – Christlich Soziale Union (nur in Bayern vertreten): 223 Abgeordnete
- Die Linke: 53 Abgeordnete
- FDP – Freie Demokratische Partei: 61 Abgeordnete
- SPD – Sozialdemokratische Partei Deutschlands: 222 Abgeordnete
- Fraktionslos: zwei Abgeordnete

Somit gehören dem Bundestag derzeit 612 Abgeordnete an.

KAPITEL

12 Verfassungsorgane und ihre Aufgaben

Zu den Verfassungsorganen in Deutschland gehören das Bundesvolk, der Bundestag und der Bundesrat, der Bundespräsident, die Bundesregierung, die Bundesversammlung und das Bundesverfassungsgericht.

12.1 Bundesvolk

Das Bundesvolk ist laut Verfassung der **oberste Souverän,** gleichwohl kommen ihm als Verfassungsorgan nur zwei wesentliche Aufgaben zu:

- Wahl des Bundestages alle vier Jahre
- Abstimmung bei Neugliederung der Länder (z.B. bei Zusammenlegungen).

Elemente der unmittelbaren Demokratie (Volksentscheid u. ä.) sind in der Bundesverfassung nicht vorgesehen. Der Wille des Bundesvolkes kommt bei der **Wahl des Bundestages** zum Ausdruck. Während einer Legislaturperiode kann das Volk jedoch durch Bürgerinitiativen, Mitarbeit in den Parteien, direktes Ansprechen von Abgeordneten, durch Petitionen u. ä. seinen Willen zum Ausdruck bringen.

Das Volk ist der Souverän im deutschen Staat.

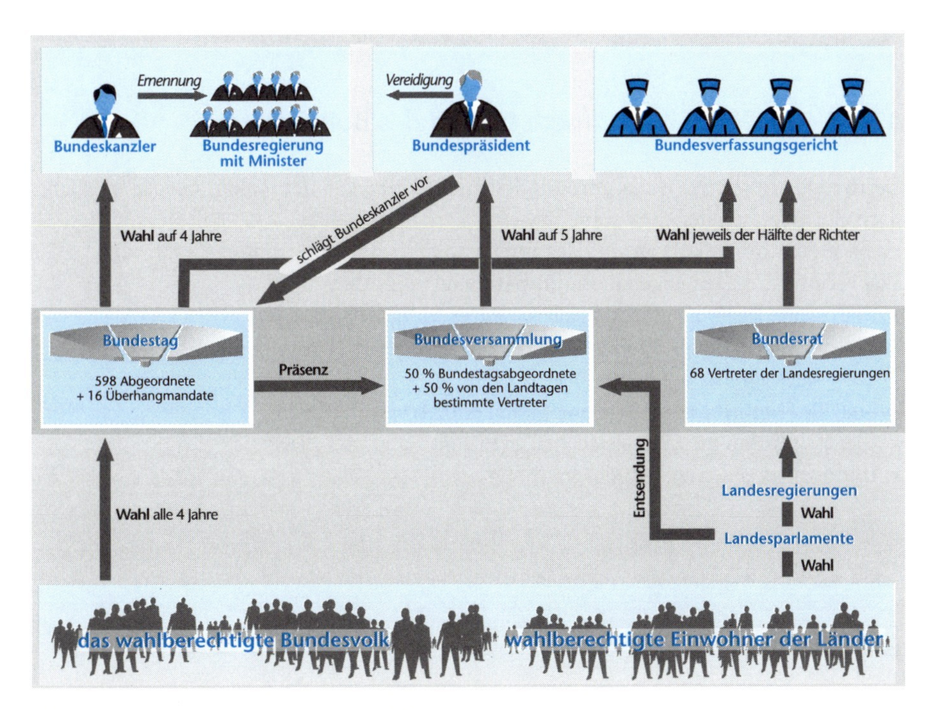

Abb. 12.1 Die Verfassungsorgane in Deutschland mit ihren Funktionen.

12.2 Bundestag

Der Bundestag ist die vom Volk gewählte **Bürgervertretung** (repräsentatives System). Er besteht aus den Abgeordneten der Parteien. Die Vollversammlung der Abgeordneten wird auch **Plenum** genannt.

Der Bundestag hat seinen Sitz im Reichstagsgebäude der Hauptstadt Berlin.

Der Bundestag ist die Vertretung der Bürger.

12.2.1 Aufgaben des Bundestages

Der Bundestag hat vielfältige Aufgaben. Die wichtigsten sind:
- Gesetzgebung
- Wahl des Bundestagspräsidenten
- Wahl der Hälfte der Richter des Bundesverfassungsgerichts
- Entsendung der Abgeordneten zur Bundesversammlung (Hälfte der Mitglieder)
- Wahl der Mitglieder des Richterwahlausschusses
- Wahl des Bundeskanzlers
- Einsetzen von Untersuchungsausschüssen
- Feststellung des Verteidigungsfalles
- Anklageerhebung gegen den Bundespräsidenten wegen Verfassungsbruches.

Bei der Verabschiedung von Gesetzen sind in Abhängigkeit von der Bedeutung verschiedene Mehrheiten notwendig (➤ Kap. 5.2):
- Einfache Mehrheit: mehr als 50 % der anwesenden Abgeordneten
- Absolute Mehrheit: mehr als 50 % der Mitglieder des Bundestages
- ⅔-Mehrheit: mehr als ⅔ der Mitglieder des Bundestages (bei verfassungsändernden Gesetzen).

Bei verfassungsändernden Gesetzen ist eine ⅔-Mehrheit erforderlich.

12.2.2 Wahl und Zusammensetzung des Bundestages

Der Bundestag setzt sich aus den Bundestagsabgeordneten zusammen, die alle vier Jahre nach einem festgelegten Modus (verbessertes Verhältniswahlrecht) gewählt werden. Bestimmend für die Durchführung sind das **Bundeswahlgesetz** und die Bundeswahlordnung. Die Wahl selbst wird nach folgenden Grundsätzen durchgeführt:
- Allgemein: das Wahlrecht steht allen wahlberechtigten Bürgern zu
- Geheim: die Stimmabgabe darf nicht kontrolliert werden oder einsehbar sein, sie darf keine Rückschlüsse auf den Wähler zulassen
- Frei: die Stimmabgabe muss ohne Zwang erfolgen
- Gleich: jede Stimme zählt gleich viel, alle Stimmzettel sind gleich
- Unmittelbar: jeder Wähler gibt seine Stimme(n) selbst ab.

In Deutschland werden in freien, allgemeinen, gleichen, unmittelbaren und geheimen Wahlen alle vier Jahre die Bundestagsabgeordneten gewählt.

Erst- und Zweitstimme

Mit der **Erststimme** wird der Kandidat des Vertrauens aus dem zugehörigen Wahlkreis gewählt, mit der **Zweitstimme** die Landesliste derjenigen Partei, deren politisches Programm am ehesten der Vorstellung des Wählers entspricht. Der Bundestag verfügt zurzeit über 598

Sitze, davon 299 Sitze aus den Wahlkreisen (Erststimmen) und 299 aus den Landeslisten (Zweitstimmen). Zusätzlich kommen noch sogenannte **Überhangmandate** dazu.

Jeder Wahlberechtigte hat bei der Bundestagswahl zwei Stimmen (aktives Wahlrecht).

Wer sein Wahlrecht nicht wahrnimmt, verzichtet auf die Mitbestimmungsmöglichkeiten der künftigen Politik. Wer am Wahltag verhindert ist und seine Stimme im Wahllokal nicht persönlich abgeben kann (z.B. wegen Krankheit, Urlaub, Arbeitsleistung), kann Briefwahl beantragen und auf diesem Wege sein Wahlrecht ausüben.

12.2.3 Wahlrecht

Zu unterscheiden sind das sog. **aktive Wahlrecht** (Recht zu wählen) und das **passive Wahlrecht** (Recht, gewählt zu werden). Wer das aktive Wahlrecht zum Bundestag in Deutschland ausüben will, muss bestimmte Voraussetzungen erfüllen:

- Deutsche Staatsangehörigkeit (nach Art. 116 GG)
- Volljährigkeit (mindestens Vollendung des 18. Lebensjahres am Tag der Wahl)
- Wohnsitz seit mindestens drei Monaten im Wahlgebiet
- Eintrag in einer bei der Gemeinde geführten Wählerliste oder Wahlschein.

Nicht wahlberechtigt sind

- Personen, für die ein Betreuer zur Besorgung aller Angelegenheiten bestellt wurde
- Personen, denen das Wahlrecht aberkannt wurde (z.B. bei strafgerichtlicher Verurteilung).

Wählbar (passives Wahlrecht) ist jeder, der am Wahltag 18 Jahre alt und Deutscher ist.

Aktives und passives Wahlrecht beginnen bei der Bundestagswahl mit dem 18. Lebensjahr.

12.2.4 Status des Abgeordneten

Ein Abgeordneter des Bundestages hat aufgrund seiner verfassungsmäßigen Aufgaben eine juristische Sonderstellung. Er ist Vertreter des ganzen Volkes, an Aufträge und Weisungen nicht gebunden und nur seinem Gewissen unterworfen (Art. 38 Abs. 1 Satz 2 GG). Er genießt **Immunität,** d.h., dass die Strafverfolgung eines Abgeordneten der Zustimmung des Bundestages bedarf. Dem Abgeordneten wird außerdem **Indemnität** zugesichert, d.h. er darf zu keiner Zeit wegen seiner Äußerungen im Bundestag gerichtlich verfolgt werden. Das **Zeugnisverweigerungsrecht** schützt die Informanten des Abgeordneten.

12.2.5 Sitzverteilung im Bundestag

Nach Schließung der Wahllokale beginnt die Stimmenauszählung. Der Bewerber mit den meisten Stimmen eines Wahlkreises (Erststimmen) gilt als gewählt **(Mehrheitswahlrecht).** Die Berechnung der nach Landeslisten zu vergebenden Sitze (Zweitstimmen) erfolgt nach einem besonderen Verfahren (Verfahren nach Hare-Niemeier), auf das hier nicht im Einzelnen eingegangen wird **(Verhältniswahlrecht).**

Der Anteil an Zweitstimmen bestimmt die Zahl der Mandate einer Partei insgesamt und damit das Kräfteverhältnis der Parteien im Bundestag.

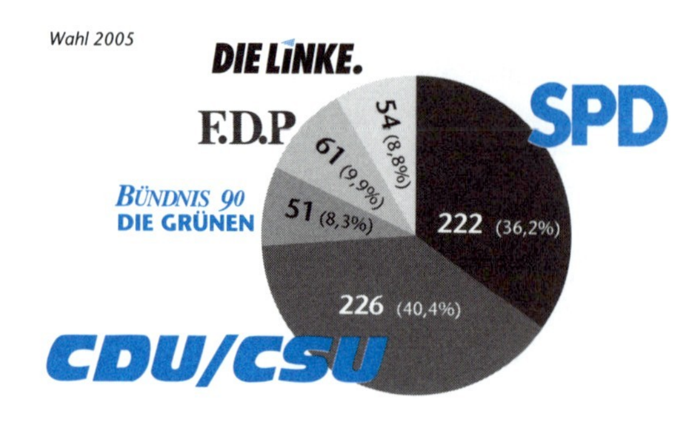

Abb. 12.2 Sitzverteilung im Bundestag (Wahl 2005 zu Beginn der Wahlperiode).

12.2.6 Fraktionen

Fraktionen sind Gruppierungen von Abgeordneten, die derselben Partei angehören. In den Fraktionen entsteht die politische Willensbildung der Parteien. Die Fraktionssprecher vertreten diese Politik im Parlament und nach außen. Einer Fraktion müssen mindesten 5% aller Mitglieder des Bundestages angehören. Diese Zahl kann vom Bundestag geändert werden (Geschäftsordnung).

Eine Fraktion ist eine Gruppierung von Abgeordneten, die derselben Partei angehören.

12.2.7 Bundestagspräsident

Der Bundestagspräsident vertritt den Bundestag, leitet die Bundestagssitzungen und übt das Hausrecht sowie die Polizeigewalt im Bundestagsgebäude aus.

12.2.8 Ältestenrat

Der Ältestenrat setzt sich derzeit aus 30 Mitgliedern zusammen, die entgegen dem Begriff nicht nach ihrem Alter ausgewählt werden.

Zusammensetzung des Ältestenrates
- Präsident
- Sechs Vizepräsidenten
- Weitere 23 Abgeordnete, die von den Fraktionen benannt werden, sowie der Vertreter der Bundesregierung und Stellvertreter.

Der Ältestenrat vereinbart Termine und die Tagesordnung der Plenarsitzung und unterstützt den Präsidenten bei der Führung der Geschäfte. Zudem vermittelt er zwischen den Fraktionen.

12.2.9 Untersuchungsausschuss

Wenn ein Viertel der Mitglieder des Bundestages einen Untersuchungsausschuss zwecks Aufklärung unklarer Sachverhalte einsetzen möchte, muss dieser gebildet werden, um die erforderlichen Beweise zu erheben und die Sachlage zu erörtern.

Ein Untersuchungsausschuss wird auf Antrag von mindestens einem Viertel der Mitglieder des Bundestages gebildet.

12.2.10 Enquete-Kommission

Enquete-Kommissionen werden vom Bundestag eingesetzt, um Sachfragen zu erörtern. Ihnen können auch Personen angehören, die nicht Mitglieder des Bundestages sind, z.B. Wissenschaftler. Ein Beispiel für eine Enquete-Kommission ist „Kultur in Deutschland" (elf Wissenschaftler, elf Abgeordnete).

12.2.11 Petitionen (Petitionsausschuss)

Jeder Bürger, ob Deutscher, Ausländer, Minderjähriger oder Strafgefangener, hat die Möglichkeit, Beschwerden und Bitten zu formulieren und an den Petitionsausschuss des Bundestages zu richten. Der Petitionsausschuss besteht derzeit aus 25 Abgeordneten, die sich um alle Eingänge kümmern.

Das Petitionsrecht ist ein Grundrecht.

12.2.12 Bundestagsausschüsse

Der Bundestag besitzt mehrere Ausschüsse, die bestimmte Gebiete und Bereiche bearbeiten (z.B. Verteidigungsausschuss, Rechtsausschuss). In ihnen wird ein Großteil der parlamentarischen Arbeit geleistet. Teilweise sind sie beschließende, teilweise vorberatende Ausschüsse. Ihre Stellungnahmen werden an das Plenum überwiesen. Das Nähere regelt die Geschäftsordnung des Bundestages.

12.3 Bundesrat

Der Bundesrat ist ein Verfassungsorgan, das sich aus **Vertretern der 16 Bundesländer** zusammensetzt. Im Bundesrat wirken die Länder bei der Gesetzgebung des Bundes mit (➤ Kap. 5.2). Der Bundesrat hat insgesamt 69 Mitglieder, der Stimmenanteil der Bundesländer ist nach der Höhe der Einwohneranzahl gewichtet.

Stimmenanteil der Bundesländer

Je sechs Stimmen haben:
- Nordrhein-Westfalen
- Bayern
- Baden-Württemberg
- Niedersachsen

Fünf Stimmen hat:
- Hessen

Je vier Stimmen haben:
- Sachsen
- Rheinland-Pfalz
- Sachsen-Anhalt
- Thüringen
- Brandenburg
- Schleswig-Holstein
- Berlin

Je drei Stimmen haben:
- Mecklenburg-Vorpommern
- Hamburg
- Saarland
- Bremen.

Hauptaufgaben des Bundesrates

- Mitwirkung der Länder an der Gesetzgebung
- Mitwirkung bei der Verwaltung des Bundes
- Mitwirkung in Angelegenheiten der Europäischen Union
- Wahl der Hälfte der Mitglieder des Bundesverfassungsgerichts.

Der Präsident des Bundesrates ist nach der Verfassung der Vertreter des Bundespräsidenten. Das Amt des Bundesratspräsidenten wechselt turnusgemäß nach Ablauf eines Jahres. Der Turnus beginnt jeweils mit dem bevölkerungsreichsten Bundesland.

Mitglied im Bundesrat kann nur sein, wer Mitglied in einer Landesregierung ist. Die Stimmabgabe im Bundesrat ist nur für jedes Land einheitlich möglich. Dies geschieht durch den Stimmführer. Die Entscheidung, wie ein Land im Bundesrat abstimmt, fällt in der jeweiligen Landesregierung. Der Stimmführer ist an dieses Votum gebunden.

Der Bundesrat ist ein sog. „Ewiges Organ". Seine demokratische Legitimation bekommt er durch die Landtagswahlen, in denen die jeweiligen Landesparlamente vom Volk gewählt werden und damit über die zukünftige Regierung und somit auch über die zustehenden Sitze im Bundesrat bestimmen.

Der Bundesrat setzt sich aus Vertretern der Bundesländer zusammen.

12.4 Bundespräsident/-in

Der Bundespräsident ist das Staatsoberhaupt der Bundesrepublik Deutschland. Er übernimmt die völkerrechtliche Vertretung des Bundes und hat hauptsächlich **Repräsentationsaufgaben.** Der seit 2004 amtierende Bundespräsident ist Horst Köhler.

12.4.1 Wahl des Bundespräsidenten

Der Bundespräsident wird von der **Bundesversammlung** gewählt (➤ Kap. 12.7). Die Amtszeit des Bundespräsidenten dauert fünf Jahre und kann nur einmal um weitere fünf Jahre verlängert werden. Jeder wahlberechtigte Deutsche, der älter als 40 Jahre ist, kann zum Bundespräsidenten gewählt werden. Während seiner Amtszeit darf der Bundespräsident keiner Partei angehören.

Tab. 12.1 Die Bundespräsidenten der Bundesrepublik Deutschland

Theodor Heuss (FDP)	Heinrich Lübke (CDU)	Gustav Heinemann (SPD)	Walter Scheel (FDP)	Karl Carstens (CDU)	Richard von Weizsäcker (CDU)	Roman Herzog (CDU)	Johannes Rau (SPD)	Horst Köhler (CDU)
1949 – 1959	1959 – 1969	1969 – 1974	1974 – 1979	1979 – 1984	1984 – 1994	1994 – 1999	1999– 2004	Seit 2004

12.4.2 Aufgaben und Rechte des Bundespräsidenten

Der Bundespräsident übt hauptsächlich Repräsentationspflichten aus:
- Repräsentation des Staates nach innen und außen
- Erklärung des Gesetzgebungsnotstandes
- Völkerrechtliche Vertretung des Bundes
- Abschließen von Staatsverträgen
- Beglaubigung von Gesandten
- Ausfertigung und Verkündung der Bundesgesetze
- Auflösung des Bundestages in den vorgesehenen Fällen
- Begnadigungsrecht in Einzelfällen
- Vorschlag, Ernennung und Entlassung des Bundeskanzlers
- Ernennung und Entlassung der Bundesminister.

Anordnungen des Bundespräsidenten bedürfen im Allgemeinen der Gegenzeichnung des Bundeskanzlers oder des zuständigen Bundesministers.

12.5 Bundesregierung

Die Bundesregierung besteht aus dem **Bundeskanzler** und den **Bundesministern.** Sie ist Teil der Exekutive (vollziehende Gewalt), die alle vom Parlament (Legislative) beschlossenen Gesetze mit Hilfe der Verwaltungen des Bundes und der Länder anwendet.

12.5.1 Bundeskanzler/-in

Der Bundeskanzler wird auf Vorschlag des Bundespräsidenten vom Bundestag gewählt. Als Chef der Bundesregierung bestimmt er die politischen Richtlinien **(Richtlinienkompetenz)** und trägt die Verantwortung. Seine sowie die durch Kabinettsbeschluss gefassten Entscheidungen sind für die Minister bindend. Der Bundeskanzler schlägt dem Bundespräsidenten die Bundesminister zur Ernennung und Entlassung vor. Der seit 1998 amtierende Bundeskanzler Gerhard Schröder (SPD) wurde im November 2005 von Dr. Angela Merkel (CDU) abgelöst.

Das Bundeskabinett besteht aus dem Bundeskanzler und den Bundesministern.

Die Wahl des Bundeskanzlers muss mit der **absoluten Mehrheit** erfolgen. Wird diese im ersten Wahlgang und bei weiteren Wahlgängen in den nächsten 14 Tagen nicht erreicht, so genügt eine relative Mehrheit. In einem solchen Falle muss der Bundespräsident dann den Gewählten allerdings nicht zum Bundeskanzler ernennen, sondern kann den Bundestag auch auflösen und Neuwahlen anordnen.

Konstruktives Misstrauensvotum

Falls eine Mehrheit im Parlament dem Bundeskanzler innerhalb der Legislaturperiode (Amtszeit des Bundestages) das Misstrauen ausspricht und gleichzeitig einen Nachfolger wählt, kann der Bundestag den Bundespräsidenten ersuchen, den Kanzler zu entlassen (konstruktives Misstrauensvotum).

Vertrauensfrage

Nicht zu verwechseln mit dem konstruktiven Misstrauensvotum ist die so genannte Vertrauensfrage. Hierbei stellt der Bundeskanzler an den Bundestag den Antrag, ihm das Vertrauen

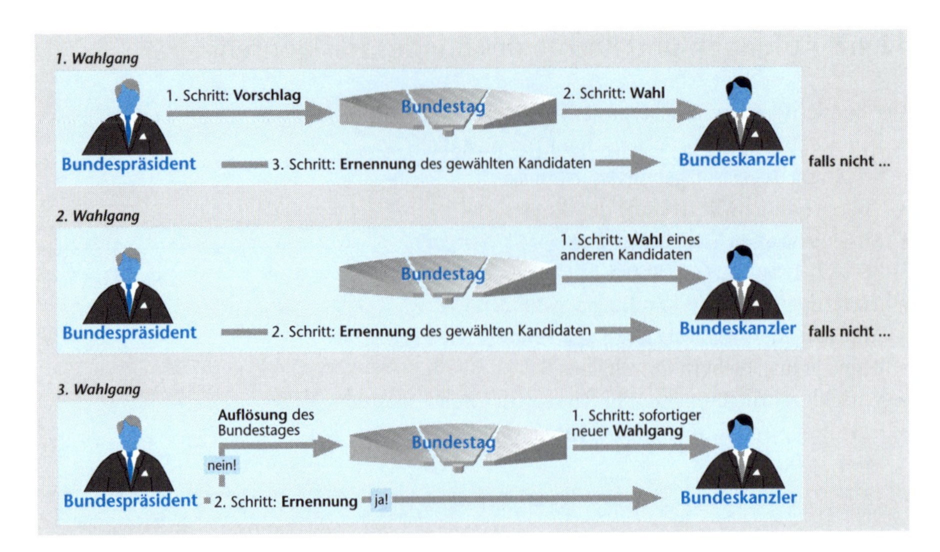

Abb. 12.3 Wahl des Bundeskanzlers.

Tab. 12.2 Bundeskanzler der Bundesrepublik Deutschland

Konrad Adenauer (CDU)	Ludwig Erhard (CDU)	Kurt Georg Kiesinger (CDU)	Willy Brandt (SPD)	Helmut Schmidt (SPD)	Helmut Kohl (CDU)	Gerhard Schröder (SPD)	Angela Merkel (CDU)
1949 – 1963	1963 – 1966	1966 – 1969	1969 – 1974	1974 – 1982	1982 – 1998	1998– 2005	Seit 2005

auszusprechen. Spricht die Mehrheit der Mitglieder des Bundestages dem Bundeskanzler sein Misstrauen aus, so kann der Bundespräsident auf Vorschlag des Bundeskanzlers binnen 21 Tagen den Bundestag auflösen.

12.5.2 Bundesminister

Die Bundesminister werden auf bindenden Vorschlag des Bundeskanzlers vom Bundespräsidenten ernannt. Sie sind Mitglieder des Kabinetts und leiten je einen Fachbereich in eigener Verantwortung, aber in Einklang mit den Richtlinien der Politik des Kanzlers.

Den Ministern stehen Staatssekretäre zur Seite, die durch lange Erfahrungen in den entsprechenden Bereichen über Spezialwissen verfügen, das der Minister nicht haben kann. Angegliedert finden sich Juristen, die neue Vorhaben auf etwaige verfassungsrechtliche Bedenken überprüfen und schließlich in Paragraphen fassen.

Es gibt Bundesminister

- Des Innern
- Des Auswärtigen
- Der Finanzen
- Der Verteidigung
- Der Justiz
- Für Arbeit und Soziales
- Für Wirtschaft und Technologie
- Für wirtschaftliche Zusammenarbeit und Entwicklung
- Für Umwelt, Naturschutz und Reaktorsicherheit
- Für Bildung und Forschung
- Für Familie, Senioren, Frauen und Jugend
- Für Gesundheit
- Für Ernährung, Landwirtschaft und Verbraucherschutz
- Für Verkehr, Bau- und Stadtentwicklung.

Daneben gibt es noch den Kanzleramtsminister und den Regierungssprecher, der auch für besondere Aufgaben bereitsteht.

12.6 Bundesverfassungsgericht

Das Bundesverfassungsgericht besteht aus zwei Senaten mit je acht Richtern. Es ist ein allen anderen Verfassungsorganen gegenüber unabhängiger und selbstständiger Gerichtshof mit Sitz in Karlsruhe. Die Amtszeit seiner Richter beträgt zwölf Jahre.

12.6.1 Aufgaben des Bundesverfassungsgerichts

Dem Bundesverfassungsgericht obliegen gemäß Bundesverfassungsgerichtsgesetz Entscheidungen über:
- Verwirkung von Grundrechten
- Verfassungswidrigkeit von Parteien
- Verfassungsbeschwerden wegen Verletzung von Grundrechten
- Verfassungsmäßigkeit von Gesetzen des Bundes und der Länder
- Organstreitigkeiten innerhalb der Bundesorgane und zwischen Bund und Ländern
- Anklage des Bundespräsidenten wegen Verfassungsbruchs.

Die Länder haben jeweils eigene Verfassungsgerichte, die diese Aufgaben auf Länderebene wahrnehmen.

Das Bundesverfassungsgericht ist ein eigenständiger Gerichtshof zur Wahrung der Verfassung.

12.7 Bundesversammlung

Die Bundesversammlung besteht zur Hälfte aus den Mitgliedern des Bundestages und zur Hälfte aus Abgesandten der Länderparlamente.

Die Bundesversammlung tritt alle fünf Jahre zusammen und hat als einzige Aufgabe die **Wahl des Bundespräsidenten.** Wird beim ersten Wahlgang die erforderliche Mehrheit nicht erreicht, so genügt ab dem dritten Wahlgang die einfache Mehrheit der anwesenden Mitglieder.

Einzige Aufgabe der Bundesversammlung ist die Wahl des Bundespräsidenten.

12.8 Verfassungsorgane der Länder

Wie im Bund, so gibt es auch in den Ländern Verfassungsorgane.

12.8.1 Staatsvolk

Das Staatsvolk ist oberster **Souverän,** von dem alle Gewalt im Staate ausgeht.

Das Volk hat außer der Wahl des Parlamentes mehr Mitwirkungsrechte als im Bund, z.B. in vielen Ländern in Form einer eigenen Volksgesetzgebung, die durch Volksbegehren/ Volksentscheid o. ä. zum Tragen kommt.

12.8.2 Parlamente

Auch in den Ländern ist das gesetzgebende Organ ein vom Volke gewähltes Parlament. Seine Aufgaben entsprechen denen des Bundestages. Die Legislaturperioden sind von Bundesland zu Bundesland unterschiedlich (vier oder fünf Jahre). In den meisten Ländern heißt das Parlament **Landtag,** in den Stadtstaaten Berlin und Bremen **Senat** und in Hamburg **Bürgerschaft.**

12.8.3 Regierung

Ebenso wie auf Bundesebene gibt es auch auf der Landesebene eine oberste Exekutive: die Regierung. Sie steht in den meisten Ländern unter der Leitung eines **Ministerpräsidenten.**

In den Stadtstaaten nennt man die Regierungschefs **„Regierende Bürgermeister".**

12.8.4 Verfassungsgericht

Entsprechend dem Bundesverfassungsgericht gibt es auch in den Ländern Verfassungsgerichte. Sie haben zu überprüfen, ob das Landesrecht mit der Landesverfassung im Einklang steht.

12.9 Gesetzgebungsverfahren der Länder

12.9.1 Normalfall

Wie im Bund ist für die Gesetzgebung auf Länderebene das jeweilige Parlament zuständig. Das Verfahren ist auf Landesebene wie auch auf Bundesebene mit Gesetzesinitiative, Lesungen und Veröffentlichungen geregelt.

12.9.2 Volksgesetzgebung

In vielen Ländern gibt es neben der Gesetzgebungskompetenz des Landesparlamentes auch für Bürger die Möglichkeit, Gesetze zu initiieren. Dieses Verfahren ist meist zweistufig und beginnt mit der **Gesetzesinitiative,** die durch eine bestimmte Anzahl von Unterschriften stimmberechtigter Bürgerinnen und Bürger unterstützt werden muss. Erst wenn während einer festgesetzten Frist ausreichend viele Unterschriften eingegangen sind, kommt es nach Behandlung im Landtag zu einem **Volksentscheid** (Gesetzesbeschluss).

12.9.3 Bürgerentscheid

Auf kommunaler (Gemeinde-)Ebene gibt es in einigen Ländern für die Bürger die Möglichkeit eines Bürgerentscheides über Belange, die der Selbstverwaltung unterliegen (z.B. Bebauungsplan). Hierbei ist üblicherweise eine **Mindestbeteiligung** sowohl bei Antragstellung als auch Abstimmung notwendig (sog. Quorum).

KAPITEL

13 Gesellschafts- und Wirtschaftssysteme

Weltweit gibt es eine Vielzahl von Gesellschafts- und Wirtschaftssystemen, wobei die Wirtschaftspolitik eng mit der jeweiligen Gesellschaftsform zusammenhängt. Nicht nur die klassischen Gegenpole Kapitalismus und Kommunismus sind vertreten, sondern eine ganze Reihe von **Mischformen.** Es sind vor allem Wirtschaftsformen, die einer ständigen Veränderung unterliegen.

Zentrales Ziel einer Wirtschaftspolitik muss die bestmögliche Versorgung des Volkes mit Gütern bei Vollbeschäftigung und Geldwertstabilität sein.

13.1 Wirtschaftssysteme

Wirtschaft ist das Wechselspiel zwischen **Güterproduktion** und **Güterverbrauch** (Konsum). Ziel der Wirtschaft ist es, den Bedarf der Konsumenten (Haushalte, Industrie, Dienstleistung usw.) zu decken.
Prinzipiell unterscheidet man idealtypisch zwei grundsätzlich verschiedene Wirtschaftsordnungen:
- Marktwirtschaft
- Planwirtschaft.

Beide Wirtschaftsformen existieren in ihrer idealtypischen Reinform nur in der Theorie. In der Realität handelt es sich meist um Mischformen, die mehr Merkmale des einen oder anderen Systems aufweisen.

13.1.1 Freie Marktwirtschaft

Die freie Marktwirtschaft orientiert sich an **Angebot** und **Nachfrage.** Menge und Art der produzierten Güter werden durch die Nachfrage bestimmt. Nicht kostendeckend arbeitende Betriebe können in der freien Marktwirtschaft nicht bestehen. Ein weiteres Prinzip der Marktwirtschaft ist die Zulassung von **Konkurrenz,** die gleiche oder ähnliche Produkte anbieten kann.

Abb. 13.1 Idealtypische Wirtschaftssysteme.

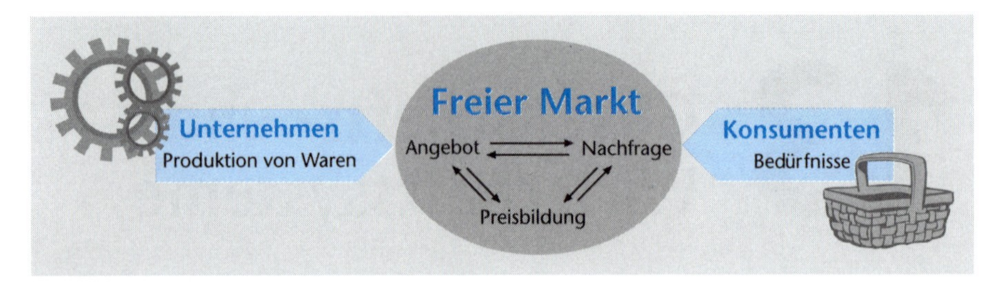

Abb. 13.2 Prinzip von Angebot und Nachfrage.

Prinzipien der freien Marktwirtschaft

- Gesteigerte Nachfrage erhöht Menge oder Preis der produzierten Güter
- Angebot und Nachfrage bestimmen den Preis
- Zulassung von Konkurrenz
- Nicht kostendeckend arbeitende Firmen können nicht bestehen.

Die Reinform der freien Marktwirtschaft ist meist nicht durchführbar.

Grundprinzip der freien Marktwirtschaft ist das Wechselspiel zwischen Angebot, Nachfrage und Preis.

Eine Marktwirtschaft ist Grundvoraussetzung für die schnelle und adäquate Reaktion der Wirtschaft auf die Änderungen der Marktsituation. Der Erfolg eines Produktes hängt von vielen Faktoren ab:

- Ruf des Unternehmens und seiner Vertreter
- Preis und Qualität des Produktes
- Konkurrenz durch ähnliches Produkt einer anderen Firma
- Lieferzuverlässigkeit
- Veränderte politische Situation
- Probleme im Bereich der Zulieferer
- Export- und Währungsschwankungen.

Betriebe mit einer auf mehrere Jahre im Voraus festgelegten Produktion (Planwirtschaft) sind nicht in der Lage, auf solche schnell wechselnden Erfordernisse des Marktes zu reagieren.

13.1.2 Planwirtschaft

Die Planwirtschaft wurde nach dem Zweiten Weltkrieg in den sozialistisch geführten Ländern des Ostblocks eingeführt. Sie ist aber heute in den meisten Ländern entweder bereits abgeschafft oder in Auflösung begriffen und auf dem Weg in eine freiere Wirtschaftsform, die sich an westlichen Vorstellungen der Marktwirtschaft orientiert.

Prinzipien der Planwirtschaft

- Festlegung der Produktion für einen langen Zeitraum (z.B. fünf Jahre) durch eine zentrale staatliche Verwaltungsstelle
- Keine Reaktion auf sich ändernde Bedürfnisse
- Festgelegte Preise
- Subventionen.

Eine flexible Reaktion auf sich ändernde Nachfrage ist in der Planwirtschaft nicht möglich.

13.1.3 Soziale Marktwirtschaft

Die soziale Marktwirtschaft ist das Wirtschaftssystem der Bundesrepublik. Sie ist eine abgeschwächte Form der freien Marktwirtschaft. Wie die freie Marktwirtschaft basiert dieses Wirtschaftssystem auf Konkurrenz, Angebot und Nachfrage und Gewinnmaximierung.

Allerdings werden nicht alle Entscheidungen den Gesetzen des freien Marktes überlassen, sondern unterliegen aus Gründen der **sozialen Gerechtigkeit** einer gewissen staatlichen Kontrolle.

Kontrollmechanismen der sozialen Marktwirtschaft
- Sicherung von Arbeitsplätzen
- Verhinderung von Monopolstellungen
- Kontrolle des Verbraucherschutzes
- Steuerliche Kontrolle.

Nimmt die staatliche Kontrolle überhand, wird die Entscheidungsfreiheit der Unternehmen soweit eingeschränkt, dass diese ihre Produktionsstätten in andere Länder verlagern und in der Folge Arbeitsplätze verloren gehen.

Dem gegenüber wird die Standortfrage auch von der Nähe zum Absatzmarkt und davon geprägt, inwieweit notwendige Materialien und qualifizierte Arbeitnehmer verfügbar sind.

Arbeitsplatzsicherung

Der Verlust des Arbeitsplatzes ist trotz sozialer Absicherung ein großes Problem für den Arbeitslosen (sozialer Abstieg) und die Solidargemeinschaft (Arbeitslosengeld, Einnahmeausfall). **Vollbeschäftigung** muss daher immer ein Ziel der Wirtschaftspolitik sein; auch wenn dieses Ziel tatsächlich kaum zu erreichen sein wird.

Monopolstellung

Eine Monopolstellung (griech.: mono = allein; pole = Verkauf), d.h. eine wirtschaftliche Tätigkeit ohne Konkurrenz, ist in einer Marktwirtschaft nicht erwünscht, da das komplette Angebot nur aus einer Hand käme.

Folgen einer Monopolstellung
- Preisdiktatur
- Abhängigkeit der Konsumenten von einem Produzenten
- Fehlende Chancengleichheit bei Firmenneugründungen.

Der Alleinanbieter einer Ware oder Dienstleistung kann das Monopol zu seinen Gunsten ausnutzen und wird dies auch tun. Da die Konsumenten aber zum Teil von den Produkten abhängig sind (z.B. Strom, Gas, Wasser), sind sie einem **Preisdiktat** ausgeliefert und gezwungen, zu überhöhten Preisen einzukaufen.

Konkurrenzfirmen können bei entsprechend großer Kapitaldecke eines Monopolisten so lange mit Niedrigpreisen unterboten werden, bis sie vom Markt verschwunden sind. Ein Beispiel für diese Entwicklung ist das Verschwinden der sog. „Tante-Emma-Läden“ im Zuge der Verbreitung der Supermärkte. Der Zusammenschluss solcher Supermarktketten muss durch das **Bundeskartellamt** genehmigt werden. Eine Entscheidung durch das Bundeskartellamt ist nur durch Ministerverfügung zu umgehen.

Monopolstellungen sollen durch die Kontrolle des Bundeskartellamtes und des Europäischen Kartellamtes verhindert werden.

Steuerprogression

Aus Gründen der **Steuergerechtigkeit** ist die Steuerpolitik darauf ausgerichtet, den Einkommensschwachen eine geringere Steuerlast aufzubürden als den Großverdienern, die ggf. nahezu die Hälfte ihres Einkommens als Steuer abführen müssen **(Steuerprogression).** Eine übermäßige Steuerbelastung der Bürger und Unternehmen führt jedoch dazu, dass **Steuerhinterziehung** zunehmend als gerechtfertigtes Mittel zur Reduzierung der Steuerlast angesehen wird. Darüber hinaus werden Steuerumgehungsmodelle **(Steuerflucht)** konstruiert und der Anreiz zu Mehrverdienst schwindet.

13.1.4 Wirtschaftspolitik

Idealziel der Wirtschaftspolitik muss die bestmögliche Güterversorgung bei Vollbeschäftigung und Geldwertstabilität sein. Zur Stabilität der Gesamtwirtschaft tragen im Wesentlichen vier Kriterien bei, die 1967 als Idealziel im **Stabilitätsgesetz** festgeschrieben wurden (sog. magisches Viereck).

Ziele des Stabilitätsgesetzes
- Geringer Preisanstieg (niedrige Inflationsrate) → bis 2,3 %
- Geringe Arbeitslosenquote → bis 1,2 %
- Außenwirtschaftliches Gleichgewicht (Exportüberschuss von 1,5 – 2,0 %)
- Anstieg des Bruttosozialproduktes → 4,0 – 4,5 %.

13.1.5 Weltwirtschaft

Die deutsche Wirtschaft ist eingebunden in das Weltwirtschaftsgeschehen. In der Bundesrepublik wird nicht nur für den Eigenbedarf, sondern auch für den **Export** (Ausfuhr) produziert. Deutschland, die USA, China und Japan sind die Länder mit dem größten **Außenhandelsüberschuss,** da sie mehr Waren exportieren als importieren (einführen).

Bruttosozialprodukt

Das Bruttosozialprodukt ist der Wert der gesamten Inlandsproduktion und Dienstleistungen eines Landes. Das Bruttosozialprodukt ist das Maß für die **wirtschaftliche Leistungsfähigkeit** eines Landes. Dienstleistungen sind persönliche Leistungen in den Bereichen:
- Verwaltung
- Handel (Kaufhäuser)
- Banken
- Transport (Speditionen)
- EDV.

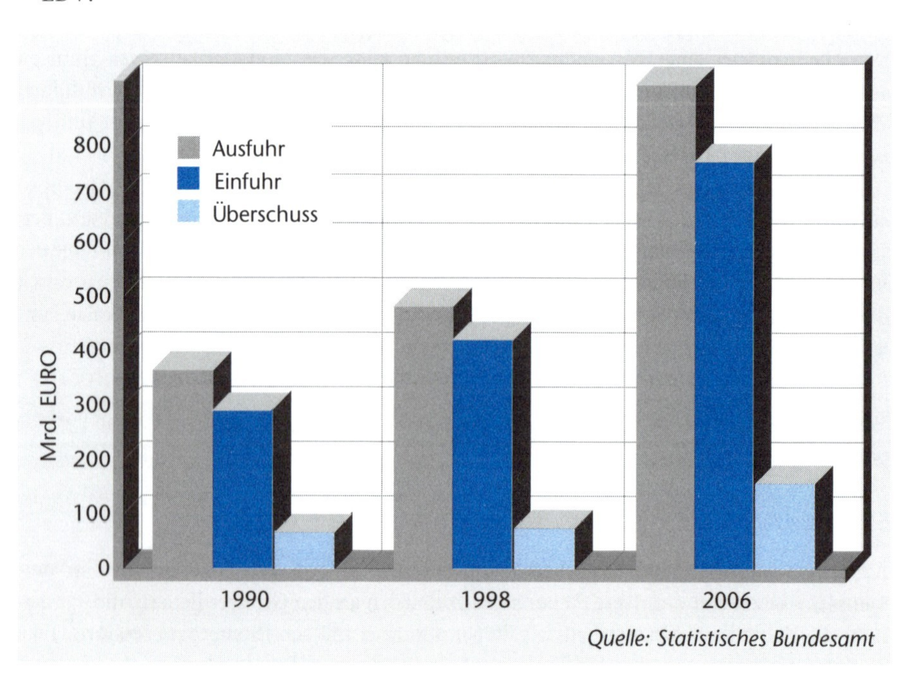

Abb. 13.3 Außenhandel der Bundesrepublik Deutschland (in Mrd. EUR).

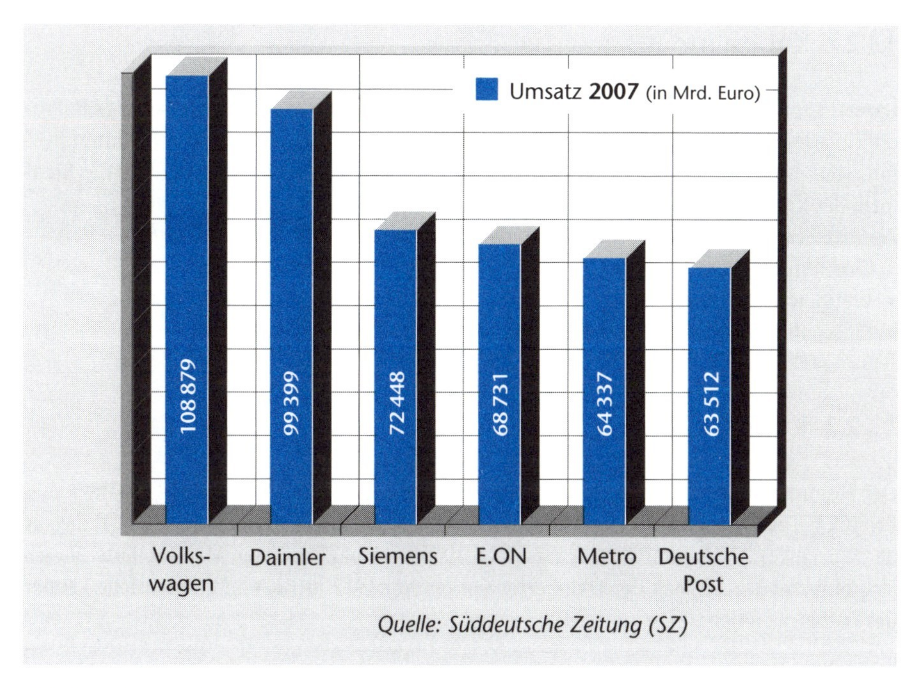

Abb. 13.4 Umsatz der sechs größten deutschen Unternehmen in Mio. EUR (2007).

Lebensstandard

Der Lebensstandard ist definiert als die Summe aller Güter sowie der Rechte, die den Bürgern eines Staates zur persönlichen Lebensführung zugute kommen. Die Steigerung des Lebensstandards ist nur über eine Steigerung des Bruttosozialproduktes möglich. Geld zur Verbesserung des Lebensstandards muss zuvor erwirtschaftet werden. Dies funktioniert nur, wenn die Wirtschaft mit Gewinn arbeitet.

Kaufkraft

Die Kaufkraft des Geldes ist definiert als die Geldmenge, mit der man eine bestimmte Menge Güter kaufen kann. Vermehrt sich der Geldumlauf ohne entsprechende Erhöhung des Güterangebotes bei gleichzeitig steigenden Preisen, sinkt der Wert des Geldes. Man spricht von einer **Inflation.** Ist die Inflation so stark, dass z. B. täglich die Preise und Geldmenge vehement ansteigen, so spricht man von einer „galoppierenden Inflation“. Verringert sich der Geldumlauf bei gleichem Güterangebot, so können die Preise sinken. Man spricht dann von einer **Deflation.**

Beide Erscheinungen müssen und können mit Mitteln der Geldpolitik, die in der Bundesrepublik von der **Deutschen Bundesbank** in Frankfurt und seit 1999 von der **Europäischen Zentralbank,** ebenfalls in Frankfurt, eingesetzt werden, bekämpft werden.

Unter Inflation versteht man den sinkenden Wert des Geldes.

13.2 Gesellschaftsformen

Der Übergang zwischen den Gesellschaftsformen ist fließend. Eine bestimmte Gesellschaftsform hat meist auch die entsprechende Wirtschaftsform zur Folge.

13.2.1 Kapitalismus

Kapitalismus ist eine Wirtschafts- bzw. Gesellschaftsform, bei der der Kapitalbesitz (z.B. Produktionsanlagen, Immobilien) in **Privateigentum** ist. Beim Sozialismus bzw. Kommunismus sind die Produktionsmittel dagegen im Staats- bzw. Gesellschaftseigentum. In der Reinform des Kommunismus gibt es kein Privateigentum.
Ziele des Kapitalismus sind:
- Gewinnmaximierung
- Wettbewerbsverdrängung
- Rationalisierung und größtmögliche Effizienz.

13.2.2 Kommunismus

Der Kommunismus fordert gemeinsamen Besitz und gerechte Verteilung aller Güter und Produkte. Der Kommunismus soll nach Marx (1818 – 1883) und Lenin (1870 – 1924) die aus dem Sozialismus weiterentwickelte Gesellschaftsform sein. Zum ersten Mal etablierte sie sich als politische Macht nach der Oktoberrevolution von 1917 in Russland. Zahlreiche Länder des Ostblocks folgten.

In der Reinform des Kommunismus gibt es kein Privateigentum.

Theorie und Praxis

In den Ländern mit kommunistischen Wirtschafts- und Gesellschaftsformen zeigte sich schnell, dass Theorie und Praxis kaum vereinbar sind. Hauptprobleme sind:
- Fehlende Motivation
- Fehlende Konkurrenz und daher unwirtschaftliche und minderwertige Produktion
- Ungerechte Verteilung.

KAPITEL

14 Staatenbündnisse

In den letzten Jahrzehnten haben sich viele Staatenbündnisse zur Vertretung und Durchsetzung gemeinsamer wirtschaftlicher, sozialer und militärischer Interessen gebildet. Deutschland ist Mitglied in folgenden Zusammenschlüssen bzw. Bündnissen:

- **EU** (Europäische Union): Zusammenschluss der Europäischen Gemeinschaften
- **UNO** (United Nations Organization, Vereinte Nationen): Zusammenschluss zur Sicherung des Weltfriedens
- **NATO** (Nordatlantikpakt): Bündnis, das sich zur Aufgabe gestellt hat, Freiheit und Sicherheit Nordamerikas und Europas mit politischen und militärischen Mitteln zu gewährleisten
- **G8-Konferenz:** Globalisierungsprozess der Wirtschaft.

14.1 Europäische Union (EU)

Die Europäische Union (EU) ist eine westeuropäische Gemeinschaft, die sich aus der Europäischen Gemeinschaft (EG) entwickelt hat und derzeit aus 27 Mitgliedstaaten besteht. In den Ländern der EU leben momentan rund eine halbe Milliarde Bürger, die gemeinsam das größte Bruttoinlandsprodukt der Welt erwirtschaften.

Der Europäische Binnenmarkt ist der stärkste Wirtschaftsraum der Welt.

Ziel der Mitgliedstaaten der EU ist die Bildung einer **wirtschaftlichen, politischen** und **sozialen** Union zur Erhaltung des Friedens, des wirtschaftlichen und sozialen Fortschritts, zur Achtung der Menschenwürde und der Rechtsstaatlichkeit. Um dieses Ziel zu erreichen, haben sich die Mitgliedstaaten darauf geeinigt, dass die Binnengrenzen fallen und der Zusammenschluss der europäischen Völker weiter vorangetrieben wird, eine Wirtschafts- und Währungsunion errichtet wird, eine gemeinsame Außen- und Sicherheitspolitik auf internationaler Ebene betrieben wird und der Schutz der Rechte und Interessen der Mitgliedstaaten durch die Unionsbürgerschaft gestärkt wird.

Tab. 14.1 Staaten der Europäischen Union mit offiziellem EU-Code

Belgien (BE)	Italien (IT)	Rumänien (RO)
Bulgarien (BG)	Lettland (LV)	Schweden (SE)
Dänemark (DK)	Litauen (LT)	Slowakei (SK)
Deutschland (DE)	Luxemburg (LU)	Slowenien (SI)
Estland (EE)	Malta (MT)	Spanien (ES)
Finnland (FI)	Niederlande (NL)	Tschechien (CZ)
Frankreich (FR)	Österreich (AT)	Ungarn (HU)
Griechenland (GR)	Polen (PL)	Vereinigtes Königreich (GB)
Irland (IE)	Portugal (PT)	Republik Zypern (CY)

Tab. 14.2 Historische Entwicklung der Europäischen Union

1951	Gründung der EGKS (Belgien, Deutschland, Frankreich, Italien, Luxemburg, Niederlande)
1957	Gründung der EWG (Belgien, Deutschland, Frankreich, Italien, Luxemburg, Niederlande)
1973	Gründung der Europäischen Gemeinschaft, nachdem England, Irland und Dänemark eintraten
1979	1. Wahl zum Europaparlament
1981	Beitritt Griechenlands als zehnter Mitgliedstaat
1985/86–1992	„Schengener Abkommen": Abbau der Personenkontrollen an den Binnengrenzen; „Einheitliche Europäische Akte": Verwirklichung des gemeinsamen Binnenmarktes
1986	Beitritt Portugals und Spaniens
1990	Auch die Länder der ehemaligen DDR werden mit dem Beitritt zur Bundesrepublik Deutschland Teil der EG
1992	„Maastrichter Vertrag" oder „Vertrag über die Europäische Union": u. a. Schaffung einer gemeinsamen Währung (EURO) bis 01.01.1999
1993	Freier Waren-, Dienstleistungs- und Kapitalverkehr
1995	Beitritt Österreichs, Schwedens und Finnlands
1997	„Agenda 2000": Reformvorschläge für bestimmte Bereiche der EU-Politik von 2000 – 2006
1999	Einführung des EURO als Buchgeld
2002	Einführung des EURO als Zahlungsmittel in den meisten Ländern Europas; Diskussion um eine EU-Verfassung
2003/2004	Zehn neue Beitrittsländer (Polen, Ungarn, Tschechien, Slowakei, Litauen, Lettland, Estland, Slowenien, Zypern, Malta) mit verzögertem freien Dienstleistungs- und Warenverkehr
2007	„Vertrag von Lissabon" zur Entschärfung grundlegender Probleme im politischen Bereich der EU; Zwei neue Beitrittsländer: Rumänien und Bulgarien (27 Mitgliedstaaten)
2008	Verzögerung oder gar Scheitern des „EU-Verfassungs-Vertrags" als Minimalkonsens zu einer EU-Verfassung am Referendum Irlands. Ziel: mehr Bürgernähe und mehr Bürgerbeteiligung; Gemeinsames Handeln der EU in der weltweiten Finanzkrise

Inzwischen schätzt man, dass etwa 80 % der Gesetzesinitiativen in Deutschland ihren Ursprung im europäischen Recht haben. Das bedeutet, dass die EU immer größeren Einfluss auf die Bürger im Mitgliedstaat Deutschland erhält.

14.1.1 Historische Entwicklung

Die historische Entwicklung lässt sich anhand der Tab. 14.2 verfolgen.

„EU-Vertrag" oder „Maastrichter Vertrag"

Die EU ist der wichtigste Staatenzusammenschluss in Europa. Die Verträge (**„EU-Vertrag", „Maastrichter Vertrag"**) wurden 1992 unterzeichnet und traten ein Jahr später in Kraft. Nach diesen Verträgen steht die Gemeinschaft auf drei Grundpfeilern:

- Der EG-Vertrag, der die Bildung des gemeinsamen Binnenmarktes und die EU-Politik umfasst
- Die gemeinsame Außen- und Sicherheitspolitik
- Die Bereiche Justiz und Inneres mit der Einwanderungs- und Asylpolitik.

Auch erfolgte eine Ausdehnung auf die Bereiche Bildung, Kultur, Verkehr, Telekommunikation, Forschung, Industrie, Umwelt, Verbraucherschutz und Technologie. Schließlich wurde als gemeinsame Währung der EURO eingeführt, der der europäischen Geldpolitik unterliegt

(Europäische Zentralbank) und der seit 01.01.2002 in Form von Scheinen und Münzen als Zahlungsmittel gültig ist.

„Vertrag von Amsterdam"

Der „Vertrag von Amsterdam" von 1997 schließt an den Vertrag von Maastricht an und bestimmt u. a.:
- Bekämpfung von Kriminalität und Terrorismus (EUROPOL)
- Gemeinsame Außen- und Sicherheitspolitik (GASP)
- Asyl- und Einwanderungsrecht
- Verbesserung des Grundrechts- und Menschenrechtsschutzes der EU-Bürger
- Erhöhung der Handlungsfähigkeit der EU.

Zur Durchsetzung der Ziele kann die EU z.B. Rechtsnormen bzw. Richtlinien und Verordnungen erlassen.

Hinsichtlich der Beschäftigungsfähigkeit von EU-Bürgern, dem Unternehmertum in der EU, der Anpassungsfähigkeit und Chancengleichheit wurde ein neuer Titel in den Vertrag eingebracht.

„Vertrag von Nizza"

Durch den Vertrag von Nizza im Jahre 2000 werden der Vertrag über die Europäische Union, die Gründungsverträge der Europäischen Gemeinschaft und das Protokoll über die Erweiterung der EU geändert.

Die angestrebte Osterweiterung erforderte eine Abkehr vom Prinzip der Einstimmigkeit bei Entscheidungen. Mit Ausnahme bestimmter Bereiche wie der Gemeinsamen Außen- und Sicherheitspolitik oder der Steuer-, Asyl- und Einwanderungspolitik, für die nach wie vor Einstimmigkeit erforderlich ist, werden Ratsentscheidungen nun mit **qualifizierter Mehrheit** getroffen. Dazu wurden für die einzelnen Staaten Stimmenzahlen festgelegt.

Ebenso wurde auf der Tagung des Europäischen Rates in Nizza ein Text vorgelegt, der die Charta der Grundrechte der EU-Bürger zusammenfasst im Hinblick auf bürgerliche, politische, wirtschaftliche, soziale und gesellschaftliche Rechte.

14.1.2 Organe der Europäischen Union

Die EU hat folgende wichtige Organe, die sowohl gemeinschaftliche Interessen als auch Interessen der Bürger vertreten:
- Europäisches Parlament
- Rat der Europäischen Union
- Europäische Kommission
- Europäischer Gerichtshof
- Europäischer Rechnungshof.

Europäisches Parlament

Die Abgeordneten des Europäischen Parlaments werden von den Bürgerinnen und Bürgern der Mitgliedstaaten alle fünf Jahre in allgemeiner und direkter Wahl gewählt.

Aufgaben des Parlaments:
- Demokratische Kontrolle der Kommission
- Annahme des Gesamthaushaltes
- Annahme von Richtlinien, Verordnungen, Entscheidungen, die durch den Rat verabschiedet wurden
- Demokratische Legitimation der gesetzlichen Regelungen der EU.

Europäischer Rat

Der Europäische Rat wird aus den Vertretern auf Regierungsebene der Mitgliedstaaten gebildet. Sie treten in regelmäßigen Abständen zusammen. Der Rat der Europäischen Union ist das wichtigste Entscheidungsorgan der EU.
Darüber hinaus hat der Europäische Rat folgende wesentliche Aufgaben:
- Gesetzgebungsorgan der EU in Verbindung mit dem Europäischen Parlament
- Koordination der Wirtschaftspolitik der EU-Mitgliedstaaten
- Koordination des Vorgehens der EU-Mitgliedstaaten, auch in den Bereichen polizeiliche Zusammenarbeit, Strafsachen und Außen- und Sicherheitspolitik
- Abschluss von Verträgen mit anderen Staaten und internationalen Organisationen
- Haushaltsbefugnis gemeinsam mit dem Europäischen Parlament.

Europäische Kommission

Die Europäische Kommission hat die Aufgabe, die Allgemeininteressen der EU zu vertreten. Mit Zustimmung des Europäischen Parlaments werden von den Mitgliedstaaten für vier Jahre die so genannten Kommissare ernannt.
Die wichtigsten Aufgaben der Europäischen Kommission sind:
- Wahrnehmung des Initiativrechts durch den Vorschlag von europäischen Rechtsnormen für das Parlament und den Rat
- Exekutivorgan, d.h. sie kümmert sich um die Ausführung von europäischen Rechtsnormen und den Haushalt
- Kontrolle über die Befolgung des Gemeinschaftsrechts
- Übereinkommen in den Bereichen Handel und internationale Zusammenarbeit, auch in gesundheitspolitischen Fragen. Derzeit Initiativen in Bezug auf die demographische Entwicklung in Europa und die Pflegebedürftigkeit der Unionsbürger.

Europäischer Gerichtshof

Der Europäische Gerichtshof (EuGH) ist für die Rechtsgebiete zuständig, die in EU-Verträgen festgelegt sind. Er entscheidet über Streitigkeiten sowohl zwischen EU-Bürgern als auch Gemeinschaftsorganen der EU. Die Entscheidungen können unmittelbare Wirkung auf nationaler Ebene haben.
Vorrangige Aufgaben des Gerichtshofes:
- Einheitliche Auslegung des Gemeinschaftsrechts
- Entscheidung über Streitigkeiten im Zuständigkeitsbereich des EuGH.

Europäischer Rechnungshof

Aufgaben des Europäischen Gerichtshofs sind vor allem:
- Entscheidung über die Rechtmäßigkeit von Einnahmen und Ausgaben der EU
- Effizienz von Einnahmen und Ausgaben.

14.1.3 Europäische Zentralbank

Aufgaben der Europäischen Zentralbank sind vor allem:
- Devisengeschäfte
- Festlegung der europäischen Geldpolitik
- Reibungsloses Funktionieren der Zahlungssysteme.

14.2 UN(O) (United Nations Organization – Vereinte Nationen)

Die UN (United Nations Organization) ist eine Weltorganisation, die aus Vertretern vieler Nationen besteht. Sie wurde 1945 in San Francisco von etwa 50 Staaten gegründet. Der Sitz der Vereinten Nationen ist New York.

Ziele der UN

- Erhaltung des Weltfriedens und der Sicherheit
- Förderung freundschaftlicher Beziehungen
- Förderung der Zusammenarbeit auf kulturellem, wirtschaftlichem, sozialem und humanitärem Gebiet
- Förderung der Achtung der Menschenrechte
- Schutz der Grundfreiheiten der Völker.

Hauptorgane der UN

- Sicherheitsrat
- Generalversammlung
- Sekretariat
- Wirtschafts- und Sozialrat
- Treuhandrat
- Internationaler Gerichtshof.

Die UN mit ihren Organisationen dient der Erhaltung des Weltfriedens.

14.3 Andere Staatengemeinschaften und Wirtschaftsbündnisse

14.3.1 Internationaler Währungsfond (International Monetary Fund, IWF)

Der IWF (Internationaler Währungsfond; International Monetary Fund) hat die Aufgabe, die internationale Währungspolitik und die Währungskurse zu beobachten und die Währungsstabilität auf internationaler Ebene zu fördern. Gerade in der weltweiten Finanzkrise kommt diesem Fond eine besondere Bedeutung zu, die noch gestärkt werden soll.

14.3.2 G7/G8-Konferenz

Zusammenschluss der sieben bzw. acht führenden Wirtschaftsstaaten zur Förderung der Globalisierung und Liberalisierung des Welthandels, der Entschuldung der ärmsten Länder, des globalen Umweltschutzes, der Sicherung der Sicherheit in der Welt und nicht zuletzt der Bekämpfung von Erkrankungen wie HIV/AIDS, Malaria und Tuberkulose.

Politisch geplant ist die Erweiterung der Konferenz auf weitere Staaten, die sich derzeit anschicken, zu bedeutenden Wirtschaftsnationen aufzusteigen.

KAPITEL

15 Medien und politische Meinungsbildung

Information und Kommunikation ist die Grundlage für die Meinungsbildung in unserer demokratischen Gesellschaft. Durch die explosionsartige Verbreitung neuer Medien ist es möglich, aktuellste Informationen aus aller Welt in Sekundenschnelle abzurufen.

15.1 Medienlandschaft

Medien dienen der Vermittlung von Informationen aus aller Welt und allen Fach- und Sachbereichen. In einer Zeit, in der Information und Kommunikation immer wichtiger werden, nehmen Art und Umfang der genutzten Medien ständig zu.

15.1.1 Massenmedien

Massenmedien erreichen ein Millionenpublikum an Lesern, Hörern oder Zuschauern. Diese Medien sollen die breite Schicht der Bevölkerung informieren und Angelegenheiten öffentlichen Interesses diskutieren.
Massenmedien sind u. a.:

- Presse (Zeitungen, Zeitschriften = Printmedien)
- Fernsehen
- Hörfunk
- Internet.

Der Begriff „Rundfunk" umfasst Hörfunk und Fernsehen.

Durch Massenmedien ist es heute möglich, fast an jeder beliebigen Stelle der Welt Informationen zu bekommen oder abzurufen. Massenmedien haben Einfluss auf die **öffentliche Meinungsbildung.** Informationen können **objektiv,** also sachlich korrekt und neutral formuliert, oder **subjektiv,** das heißt aus dem persönlichen Blickwinkel des Berichtenden, vermittelt werden (Bsp.: Trennung von Nachricht und Kommentar). In unserem demokratischen Staat ist die **Pressefreiheit** vom Grundgesetz umfassend geschützt.

15.1.2 Neue Medien

Moderne Technologien u. a. zur Informationsspeicherung und -weitergabe haben sich mittlerweile in unserer Gesellschaft als Kommunikationsplattform fest etabliert, wie z.B. das Internet. Auch innerhalb der Unternehmen wird immer mehr die Netztechnik angewendet, um interne Informationen zu verbreiten. Dieses interne Datennetz wird Intranet genannt. Auch E-Mails ermöglichen eine schnelle und kostengünstige Kommunikation.

CD-ROM und DVD sind Speichermedien mit relativ hoher Kapazität, die zunehmend als Alternative oder Ergänzung zu Druckwerken dienen.

15.1.3 Öffentlich-rechtliche und private Anbieter

Öffentlich-rechtlicher Rundfunk

Öffentlich-rechtliche Radio- (z. B. Bayerischer Rundfunk) bzw. Fernsehsender (z. B. ARD, ZDF) sollen inhaltlich ausgewogene Programme gestalten **(sog. Grundversorgung).** Die Finanzierung erfolgt deshalb zum größten Teil über Gebühren, die über die **Gebühreneinzugszentrale** (GEZ) eingezogen werden, und nur zu einem kleinen Teil aus Werbung und Rechteerlösen.

Privater Rundfunk

Private Radio- (z. B. Radio Antenne Bayern) und Fernsehsender (z. B. RTL, SAT 1 oder kommunal ausgestrahlte Sender, z. B. MünchenTV) passen ihr Programm besonders stark an die Wünsche der Konsumenten an **(Einschaltquoten).** Die Finanzierung erfolgt vor allem über Werbeeinnahmen.

Öffentlich-rechtliche Anbieter finanzieren sich vor allem über Gebühren, Privatsender über Werbeeinnahmen.

15.1.4 Problematik der Pressefreiheit

Das Grundgesetz garantiert das Recht auf freie Meinungsäußerung (Art. 5 GG Pressefreiheit). Medien sind einflussreiche Meinungsbildner, weswegen sie häufig auch als „vierte Gewalt“ bezeichnet werden. Somit ist auch die Gefahr des Missbrauchs gegeben.

15.1.5 Werbung und Massenmedien

In der Regel lassen sich Zeitschriften und Zeitungen nicht ausschließlich aus dem Verkaufserlös finanzieren, vielmehr resultiert ein großer Teil der Einnahmen aus Werbung. Für die Werbewirtschaft ist die Auflagenzahl ein wichtiger Indikator. Je höher die Auflage einer Zeitung ist, desto teurer sind die Anzeigen („Mediadaten“), weil sie einen großen Kundenkreis erreichen. Zusätzlich spielt die Anzahl der Abonnenten von Zeitungen oder Zeitschriften eine wichtige Rolle, da durch sie eine sichere und somit kalkulierbare Abnahme erfolgt.

KAPITEL

16

Claudia Staudinger

Fallbeispiel mit Aufgaben

16.1 Der Fall

Fallbeispiel: Herr Bergmann

Der 54-jährige Herr Bergmann ist von Beruf Maurer und liegt nach einem Gerüststurz mit einer Wirbelsäulenfraktur der LWS und einer daraus resultierenden Querschnittslähmung der unteren Extremitäten auf der Intensivstation. Nach fast drei Wochen intensivtherapeutischer Maßnahmen wird Herr Bergmann auf Station verlegt. Bei einer routinemäßigen Kontrolle im Zuge der Verlegung von der Intensivstation wird bei Herrn Bergmann zusätzlich eine MRSA-Infektion festgestellt. Alle bei dieser Diagnose erforderlichen Maßnahmen werden eingeleitet.
Beim anschließenden Aufnahmegespräch wirkt Herr Bergmann passiv und gleichgültig, er spricht kaum ein Wort. Lediglich um eine Spritze gegen seine Schmerzen in der Schulter bittet er. In der Patientendokumentation wurde einmal tägl. eine Ampulle Novalgin® i.v. in einer 1 000 ml Ringer-Lösung angeordnet. Zusätzlich kann Herr Bergmann bei Bedarf eine Ampulle Dipidolor® i.m. alle sechs Stunden, jedoch maximal dreimal täglich gespritzt bekommen.
In einem Gespräch, um das Frau Bergmann gebeten hat, stellt sich heraus, dass sowohl ihr Mann als auch sie mit der Situation überfordert sind. Sie berichtet, dass sie große Zukunftsangst hat und keine Ahnung habe, wie es weiter gehen soll: „Ich weiß nicht, was jetzt zu tun ist. Wie wird es weitergehen? Ich mach mir auch Sorgen wegen unserer finanziellen Absicherung, ich bin bislang ja nicht arbeiten gegangen, das Geld hat allein mein Mann verdient".

16.2 Aufgaben zum Fallbeispiel

Sie sollen bei Herrn Bergmann alle Maßnahmen einleiten, die eine MRSA-Infektion erfordert. Um diese Aufgabe gezielt umsetzen zu können, benötigen Sie Kenntnisse zum Infektionsschutzgesetz.

- Nennen sie das Ziel des Infektionsschutzgesetzes
- Was wissen Sie über eine Meldepflicht der MRSA-Infektion?

Um die Einhaltung des Infektionsschutzgesetzes kümmert sich das Gesundheitsamt.

- Nennen Sie Aufgaben der Gesundheitsämter

Herr Bergmann braucht aufgrund seiner starken Schmerzen eine gut eingestellte Schmerztherapie, für deren Durchführung Sie als Gesundheits- und Krankenpfleger/-in mitverantwortlich sind. Infusionen, wie im Fall von Herrn Bergmann, gehören aber in erster Linie zum Aufgaben- und Verantwortungsbereich der Ärzte.

- Wie ist es möglich, dass Sie diese Aufgabe übernehmen?
- Was müssen Sie beachten, um sich selbst rechtlich abzusichern?

Nach der Verabreichung eines Medikamentes ist es verpflichtend, dies zu dokumentieren.

- Erläutern Sie die Grundsätze der Dokumentationspflicht.

Bei dem Medikament Dipidolor® handelt es sich um ein Betäubungsmittel im Sinne des Betäubungsmittelrechts.

- Wie verfahren Sie auf der Station mit der Anforderung sowie mit der Ausgabe von Betäubungsmitteln im Sinne des Betäubungsmittelgesetzes?

Im Gespräch mit Frau Bergmann erkennen Sie, dass diese einen großen Beratungsbedarf hat. Vor allem die soziale Sicherung in der Zukunft macht ihr Sorgen.

- In Deutschland ist der Schutz gegen eine Vielzahl von Lebensrisiken durch das Prinzip der Solidargemeinschaft gewährleistet. Erklären Sie dieses Prinzip.
- Erklären Sie am Beispiel der Bergmanns, wie das soziale Sicherungssystem funktioniert.

16.3 Erwartungshorizont

1. Nennen Sie das Ziel des Infektionsschutzgesetzes.

Zweck des Infektionsschutzgesetzes (IfSG) ist es, übertragbare Krankheiten beim Menschen vorzubeugen, Infektionen frühzeitig zu erkennen und ihre Weiterverbreitung zu verhindern.

2. Was wissen Sie über die Meldepflicht der MRSA-Infektion?

Leiter von Krankenhäusern sind verpflichtet, bestimmte nosokomiale Infektionen und das Auftreten von Krankheitserregern mit speziellen Resistenzen und Multiresistenzen fortlaufend aufzuzeichnen und zu bewerten. Die Aufzeichnungen sind zehn Jahre aufzubewahren. Dem zuständigen Gesundheitsamt ist auf Verlangen Einsicht in die Aufzeichnungen zu gewähren.

3. Nennen Sie Aufgaben der Gesundheitsämter.

- Überwachung des Apothekenwesens
- Überwachung des Umgangs mit Arzneien und Giften
- Aufsicht über die Angehörigen der Gesundheitsberufe, Abnahme bestimmter Prüfungen
- Überwachung von Lebensmittelbetrieben, soweit nicht der Lebensmittelüberwachung als eigenes Ressort zugeteilt
- Verhütung und Bekämpfung übertragbarer Krankheiten
- Krankenhausbesichtigungen (mind. einmal im Jahr)
- Hygiene von öffentl. zugänglichen Bädern, Wohnungen und des Wassers
- Aufsicht über das Leichen-, Friedhofs- und Bestattungswesen
- Aufsicht über die Abfallbeseitigung in hygienischer Hinsicht
- Mitwirkung beim Rettungswesen
- Schulgesundheitsfürsorge
- Förderung von Körperpflege und Sport
- Impfungen
- Mütterberatung, schul- und jugendärztlicher Dienst
- Tuberkulosebekämpfung und Fürsorge
- Aids-Beratung
- Amtsärztliche Tätigkeiten, in manchen Ländern auch gerichts- und vertrauensärztliche Tätigkeiten
- Beratung bei sexuell übertragbaren Krankheiten.

4. Wie ist es möglich, dass Sie die Aufgabe der Schmerztherapie übernehmen?

Im Rahmen der ärztlich angeordneten Maßnahmen zur Diagnostik und Therapie ist eine Delegation ärztlicher Tätigkeiten, wie die der Infusion, möglich. Voraussetzung ist das Vorliegen der Einwilligung des Patienten und der Pflegenden.

5. Was müssen Sie beachten, um sich selbst rechtlich abzusichern?

- Die Anordnung muss schriftlich vorliegen
- Pflegende müssen für die jeweilige Aufgabe qualifizierte Kenntnisse und Fähigkeiten nachweisen können
- Die Durchführungsverantwortung liegt bei der Pflegekraft. Persönlich nicht zu verantwortende Maßnahmen können ohne arbeitsrechtliche Konsequenzen abgelehnt werden.

6. Erläutern Sie die Grundsätze der Dokumentationspflicht.

- Die Dokumentationspflicht ist eine Nebenpflicht aus dem Pflege-/Behandlungsvertrag. Der Pflegebedürftige/Patient hat einen vertraglich begründeten Anspruch auf Information über den Pflege-/Behandlungsverlauf
- Der behandelnde Arzt nimmt im Rahmen des Krankenhausvertrages die Dokumentationspflicht für den Krankenhausträger wahr, denn er ist Vertragspartner des Patienten

- Die Dokumentationspflicht gilt auch für pflegerische Tätigkeiten
- Die fehlende Dokumentation wird als Indiz für mangelhafte Pflege angesehen. Wenn z.B. eine Maßnahme nicht dokumentiert wird, wird vermutet, dass sie nicht durchgeführt wurde. Folge kann ein strafrechtliches Verfahren sein mit dem Vorwurf des Betrugs (§ 263 StGB)
- Aus den gemeinsamen Grundsätzen zur Qualitätssicherung im ambulanten und stationären Bereich ergibt sich, dass eine fachgerechte Pflegedokumentation zu führen ist.

7. Wie verfahren Sie auf der Station mit der Anforderung sowie mit der Ausgabe von Betäubungsmitteln im Sinne des Betäubungsmittelgesetzes?

Anforderung mittels eines dreiteiligen Betäubungsmittelanforderungsscheins. Auf dem Anforderungsschein sind zu vermerken:

- Name und Bezeichnung der anfordernden Station
- Ausstellungsdatum
- Präparat, Stückzahl, Gewichtsmenge und Darreichungsform
- Name des verschreibenden Arztes (einschließlich Telefonnummer)
- Unterschrift des verschreibenden Arztes.

Ausgabe von Betäubungsmitteln:

- Auf Station ausgegebene Betäubungsmittel müssen in einem BtM-Buch mit fortlaufend nummerierten Seiten eingetragen werden. Die Überprüfung der ordnungsgemäßen Führung dieser Bücher sowie der BtM-Bestände ist Sache des Verschreibenden und soll am Ende eines jeden Kalendermonats erfolgen.

8. In Deutschland ist der Schutz gegen eine Vielzahl von Lebensrisiken durch das Prinzip der Solidargemeinschaft gewährleistet. Erklären Sie dieses Prinzip.

Da alle Versicherten in die Gemeinschaftskasse einzahlen, ergibt sich im Krankheitsfalle des Einzelnen eine Teilung der finanziellen Belastung. Die entstehenden Kosten werden so von der Gemeinschaft (Solidargemeinschaft) aufgebracht. So ist das Prinzip der Zwangsmitgliedschaft in der Sozialversicherung verständlich.

9. Erklären Sie am Beispiel des Ehepaares Bergmann wie das soziale Sicherungssystem funktioniert.

Zunächst ist die Versorgung von Herrn Bergmann über die **Unfallversicherung** abgesichert, da Herr Bergmann einen Arbeitsunfall erlitten hatte. Träger der Unfallversicherungen sind die Gewerblichen Berufsgenossenschaften, Eigenunfallversicherungsträger sowie Landwirtschaftliche- und Seeberufsgenossenschaften. Die Unfallversicherung übernimmt alle Kosten für die Heilbehandlung inkl. Arznei- und Hilfsmittel, sowie Rehabilitationsmaßnahmen, Umschulungen, Übergangs- und Verletztengeld oder Verletztenrente.

Später könnte es sein, dass Herr Bergmann Ansprüche auf eine Rente wegen verminderter Erwerbstätigkeit hat. Hierfür ist die **Rentenversicherung** zuständig. Hier unterscheidet man verschiedene Arten der Erwerbsminderung:

- Teilweise Erwerbsminderung (weniger als sechs Stunden, aber mehr als drei Stunden arbeitsfähig)
- Volle Erwerbsminderung (weniger als drei Stunden arbeitsfähig)
- Teilweise Erwerbsminderung bei Berufsunfähigkeit (voll arbeitsfähig, also mind. sechs Stunden, im bisherigen Beruf aber weniger als sechs Stunden arbeitsfähig).

Bei Pflegebedürftigkeit würde die **Pflegeversicherung** eintreten. Pflegebedürftig ist, wer für eine Dauer von mind. sechs Monaten aufgrund körperlicher, seelischer oder geistiger Krankheit oder Behinderung für die gewöhnlichen oder wiederkehrenden Verrichtungen des täglichen Lebens in wenigstens erheblichem Maße der Hilfe bedarf. Die Pflegebedürftigkeit wird in drei Pflegestufen (erhebliche Pflegebedürftigkeit, schwerpflegebedürftig, schwerstpflegebedürftig) eingeteilt. Frau Bergmann erhält, wenn sie die Pflege ihres Mannes selber übernimmt, Pflegegeld. Die Höhe des Pflegegeldes berechnet sich nach der Pflegestufe.

Sollten alle diese sozialen Systeme nicht ausreichen, gibt es noch die **Sozialhilfe.** Diese umfasst folgende Leistungen:

- Hilfe zum Lebensunterhalt
- Grundsicherung im Alter und bei Erwerbsminderung
- Hilfen zur Gesundheit
- Eingliederungshilfe für behinderte Menschen
- Hilfe zur Pflege
- Hilfe zur Überwindung besonderer sozialer Schwierigkeiten
- Hilfe in anderen Lebenslagen.

Das Ehepaar Bergmann würde die Unterstützung sowohl als Geld- und Sachleistungen als auch im Rahmen von Beratungen und Vermittlungen erhalten.

Register